Alexénia Kolá

Camino-Schnecke

auf

Pilgerstrecke

Meine Spur auf dem Jakobsweg –
mit leichtem Gepäck und schwerem Fuß.

Reisetagebuch Camino de Santiago

Camino-Schnecke
auf
Pilgerstrecke

Meine Spur auf dem Jakobsweg,

mit leichtem Gepäck und schwerem Fuß.

Alexénia Kolá

IMPRESSUM

Bibliografische Information der Deutschen Nationalbibliothek: Die Deutsche Nationalbibliothek verzeichnet diese Publikation in der Deutschen Nationalbibliografie; detaillierte bibliografische Daten sind im Internet über http://dnb.dnb.de abrufbar.
Die automatisierte Analyse des Werkes, um daraus Informationen insbesondere über Muster, Trends und Korrelationen gemäß §44b UrhG („Text und Data Mining") zu gewinnen, ist untersagt.

Texte:	© 2024 Alexénia Kolá
Fotos:	© 2024 Alexénia Kolá
Lektorat:	Stefan Parsch
Korrektorat:	Stefan Parsch
Buchcover:	© Shirin Sara Tawakol Bolivar
Portrait-Foto:	© Conni Friedrich
Kontakt:	alexenia.kola@web.de
Verlag:	BoD · Books on Demand GmbH, Überseering 33, 22297 Hamburg, bod@bod.de
Druck:	Libri Plureos GmbH, Friedensallee 273, 22763 Hamburg
ISBN:	978-3-7693-8936-4

WIDMUNG

Ein neuer Weg ist immer ein Wagnis. Aber wenn wir den Mut haben loszugehen, dann ist jedes Stolpern und jeder Fehltritt ein Sieg über unsere Ängste, über unsere Zweifel und Bedenken.

Demokrit, griechischer Philosoph (460 v.Chr.- 370 v.Chr.)

Für meinen Mann ...

... dem ich sicher auf meinem Weg nie begegnet wäre,

hätte ich nicht den Mut aufgebracht,

von meinem eigenen Weg abzukommen,

um die Gegend kennenzulernen

um den Jakobsweg zu gehen.

Reisetagebuch Camino de Santiago

Vorwort

Die Idee, den Camino de Santiago zu gehen, kam mir vor etwa fünfzehn Jahren, als mir das Buch eines berühmten deutschen Komikers in die Hände fiel, welches mich erstmals dazu inspirierte und ermutigte, selbst einen Pilgerweg zu gehen. Das Lesen dieses Buches verging für mich damals wie im Flug. Zeile für Zeile sog ich in mich auf und während dieses Lesegenusses kristallisierte sich Seite für Seite mehr der Wunsch heraus, dieses niedergeschriebene Erlebte in eigener Form nachzuempfinden und zu erleben. Zudem dachte ich bei mir, wenn er das geschafft hat, konnte ich das als übergewichtige Person vielleicht auch schaffen?!

Zunächst einmal wurde ich neugierig, was es genau mit dem Jakobsweg auf sich hatte und ich begann, Sämtliches dazu zu lesen und mich zu informieren, was mich zunehmend neugieriger werden ließ. So erfuhr ich zum Beispiel, dass durch Spanien verschiedenste Jakobswege führen, die alle Santiago de Compostela zum Ziel haben. Es gibt den sogenannten „Einfachen Weg", den „Weg vom Norden", den „Englischen Weg", den „Weg von Fisterra nach Muxia", die „Route vom Meer von Arousa und dem Fluss Ulla", den „Portugiesischen Weg", den „Weg vom Südosten Via de la Plata" und den „Französischen Weg". Durch Spanien gibt es noch viele weitere verschiedene Jakobswege. Der „Französische Jakobsweg", auch „Camino francés" genannt, weckte zunehmend mein Interesse; er galt damals als der bekannteste und wurde wohl auch bis heute von den meisten Pilgern gegangen. Ein Grund dafür ist, dass es entlang der Strecke auch in kürzeren Etappen immer wieder die Möglichkeit gibt, Pilgerherbergen aufzusuchen.

Einige Monate der Reifung dieser Idee mussten noch vorbeigehen, bis langsam alles Form annahm. Im Internet stieß ich auf ein Forum und dort auf jemanden, der den Camino de Santiago bereits mehrmals gegangen war. Über ihn bekam ich erste hilfreiche Tipps, was ich benötigen würde und wie ich mich auf diese Reise vorbereiten sollte. Als erstes führte mich mein Weg vorsichtig in einen Trekkingladen. Als eher unsportliche Person überkam mich zunächst Unbehagen, bei all den Super-Hightech-Outdoor-Angeboten, mein Vorhaben kundzutun und den Mut aufzubringen, dazu zu stehen, dass ich vorhatte, den Camino de Santiago zu gehen.

Der Zufall wollte es, dass ich an einen äußerst freundlichen Verkäufer geriet. Dieser, ein kleiner, drahtiger, naturburschiger Kerl, war selbst den Jakobsweg ein Jahr zuvor gegangen und somit entpuppte er sich als jemand, der wusste, wovon er sprach. Als er ins Reden kam, funkelten seine Augen ob der Erinnerungen an den Pilgerweg und sämtliche Ratschläge sprudelten aus ihm heraus. Gute Wanderschuhe und Socken mussten her, Wanderstöcke, eine leichte Fleecejacke, etwas Hilfreiches für Regenwetter, ein praktischer, bequemer und besonders leichter Rucksack, ein Handtuch und ein schnelltrocknendes T-Shirt. Schnell waren wir beim „du" und über die Wochen besuchte ich das Geschäft immer wieder und kam somit nach und nach in den Besitz der benötigten nützlichen Wanderutensilien und persönlicher Tipps und Tricks von Rudi, um den Camino unbeschadet zu begehen und durchzuhalten.

Zu den wertvollsten Ratschlägen gehörten, den Rucksack möglichst inklusive allem, auf ein maximales Gewicht von acht Kilogramm zu packen, sich Hirschtalg für die täglich geforderten Füße zu besorgen, um diese damit jeden Morgen und Abend kräftig einzusalben, sich auf jegliche Wettergegebenheiten einzustellen und dafür gewappnet zu sein, mit Handschuhen, Windjacke, Regenponcho, Sonnencreme, Sonnenbrille und einem warmen Stirnband für die Ohren. Ein weiterer, sehr logischer Hinweis aus dem Camino-Forum war, zu bedenken, dass man nicht durch absolute Einöde wie einer Wüste laufen würde, sondern immer wieder auch Orte und Städte begehen und durchqueren würde, in denen es „normale" Zivilisation und demnach viele Möglichkeiten geben würde, in Apotheken oder sonstigen Geschäften Nötiges zu erwerben oder einfach nur Geld an einem Automaten zu ziehen. Und dies fast jederzeit und überall.

Somit wuchs von Woche zu Woche mein Vorhaben, den Jakobsweg zu gehen, ich fasste mehr und mehr Mut, dies alleine zu tun und mein Plan verlor zunehmend seine ängstlichen und unwissenden Ecken, um immer mehr zu einem runden und freudigen Ganzen zu werden. Ich begann, mir an jedem Wochenende eine Laufroute in der Nähe meines Heimatortes zu suchen. Ich fing mit Strecken an, die fünf Kilometer lang waren und mit einem Rucksack, in dem eine Anderthalb-Liter-Flasche Wasser das Gewicht bildete. An jedem Wochenende fuhr ich zu einem Startpunkt, parkte mein Auto und lief los. Ich lief Wege um den Hengsteysee ab. Ging von dort als Startpunkt nach Herdecke und zurück. Wanderte von dort in die andere Richtung, entlang der Ruhr, nach Schwerte. Lief zu Freunden quer durch meine Stadt Dortmund, von Westen bis in den Osten und zurück. Mit jedem Wanderübungswochenende erhöhte ich über die Zeit mit Hilfe von Wasserflaschen mein Gewicht im Rucksack. Dachte ich bei meiner ersten Übungsstrecke mit nur einer Anderthalb-Liter-Flasche Wasser schon: „Das schaffe ich nie!", wurde es mit jedem Male einfacher.

So vergingen von März an die Wochen und Monate, bis ich tatsächlich irgendwann meinen Rucksack mit gut fünf anderthalb Liter Flaschen Wasser bestücken konnte und das Gewicht nicht mehr als enorme Last empfand. Das Gehen fiel mir wöchentlich leichter und mein Körper gewöhnte sich ein wenig an die neue Herausforderung. Der Entschluss war gereift, der schwere Körper im Rahmen seiner Möglichkeiten vorbereitet, die Route für die einzelnen Wegabschnitte ausgearbeitet. Mein bestellter Pilgerpass für die täglichen Nachweisstempel der Etappenziele hatte mich per Post erreicht.

Zum damaligen Zeitpunkt waren die Mobiltelefone und das Internet noch lange nicht derart ausgereift und hilfreich für jedermann wie es heutzutage der Fall ist. Auf einer Liste hatte ich somit an vielen Abenden, mit der Hilfe verschiedener Reise- und Wanderführer die einzelnen Etappen kleinschrittig für mich ausgeklügelt, denn es war damals noch wesentlich mühsamer, solche Strecken auszuarbeiten und ich verbrachte sämtliche freie Zeit in meinem Bett sitzend damit, alles gewissenhaft und vernünftig in Kürze aufzuschreiben. Ich ging davon aus, dass ich täglich um die zwanzig Kilometer gehen würde, suchte mir meines Erachtens nach Pilgerherbergen heraus, die als sauber und positiv beschrieben waren und notierte mühsam und kleinschrittig, wann ich wo sein würde. All diese Mühen hätte ich mir wohl sparen können, denn es sollte bereits nach der ersten gelaufenen Wanderetappe anders kommen…

In einem halben Jahr hatte ich über die Zeit alles zusammengetragen, was in meinem Rucksack als Gepäck Platz finden sollte und mich mental und körperlich vorbereitet. Für all die Dinge, die ich mitnahm oder am Körper trug, galt, dass sie in ihrem Eigengewicht leicht sein mussten und dass sie möglichst schnell trockneten. Grundsätzlich hatte ich zwei Kleidungsvarianten bei mir und abwechselnd an. Die eine war die, mit der ich am Tage die Etappen laufen sollte, also die reine Wanderklamotte. Die andere war die, die ich anziehen würde, wenn ich nach der täglichen Streckenankunft die Wanderklamotte durchgewaschen hätte und in die ich mich dann für den Rest des Tages und des Abends schmeißen würde, während ich darauf hoffte, dass die zuvor getragene, meist durchgeschwitzte Wanderkleidung, nach dem Durchwaschen, bis zum nächsten Morgen wieder getrocknet sein würde. Es galt als Grundsatz der Pilgerreise, mich stets auf das Nötigste zu beschränken und mir dessen bewusst zu werden, mit wie wenig ich am Ende in der Lage sein würde, auszukommen.

Von Rudi, dem Trekkingladenverkäufer meines Vertrauens, bekam ich bei meinem letzten Besuch eine Jakobsmuschel geschenkt, die er selbst von seinem Jakobsweg mitgebracht hatte. Diese fand ihren Weg und baumelte zuverlässig vom ersten Reisetag an, gut sichtbar an meinem neuen Rucksack. Bevor ich mich ein letztes Mal vor meiner Reise von Rudi verabschiedete und er mir „Buen Camino", also einen „guten Weg" wünschte, gab er mir als letzten Tipp noch mit auf den Weg, jegliches Steinchen oder ähnliches, was unterwegs ungebeten in einen Schuh geraten sollte, in jedem Falle unverzüglich zu entfernen, da sonst zeitnah ungewollte Scheuerstellen oder Blasen entstünden. Diese Regel sollte ich immer beachten, auch wenn ich während des Laufens bei mir denken würde, ach, das mache ich später. Nicht warten damit, sondern direkt handeln und den Störenfried entfernen.

Bezüglich des Gepäckes im Rucksack war es (und ist es) immer von Vorteil, wenn sich Dinge unterschiedlich verwenden ließen. Zum Beispiel, wenn sich ein Halstuch auch als Sonnenschutz für den Kopf umfunktionieren ließ oder die Haarseife gleichzeitig als Körperseife benutzt werden könnte. Für Einsteiger, wie ich es damals war, habe ich hier mal eine Liste zusammengetragen mit allem, was man für die Pilgerreise auf dem Jakobsweg bei sich führen sollte:

Kleidung:

- Gute Wanderschuhe. Auch für diese gilt, sich beraten zu lassen. Die Schuhe sollten möglichst ein halbes Jahr vorher gut eingelaufen sein.
- Zwei Paar gute(!) Wandersocken. Diese sind in der Regel atmungsaktiv, wärmen gut, halten eine Menge aus und trocknen schnell.
- Eine gute bequeme knielange Laufhose oder eine Radlerhose.
- Eine leichte langbeinige Trekkinghose. Man kann auch eine nehmen, die man mit Hilfe von Reißverschlüssen auf eine Shorts kürzen kann.
- Zwei Unterhosen
- Eine ultraleichte, gut wärmende Fleecejacke. Auch hierzu sollte man sich am besten in einem Trekkingladen beraten lassen. Dort gibt es inzwischen ultraleichte Kleidung, durch die man einiges an unnötigem Tragegewicht einsparen kann.
- Ein kurzärmeliges T-Shirt / Unterhemd / Trägerhemdchen, wenn es warm ist.
- Ein langärmeliges Shirt
- Eine ultraleichte Windjacke
- Ein Halstuch bei Wind, wandelbar zum Kopftuch als Sonnenschutz.
- Dünnes, möglichst leichtes Paar Handschuhe.
- Stirnband zum Schutz der Ohren gegen Kälte.
- Etwas zum Schutz bei regenreichem Wetter, zum Beispiel eine sehr leichte Regenjacke. Ich habe einen Regenponcho benutzt, da unter diesen auch der Rucksack passte.

Kosmetika:

- Eine kleine Zahnpastatube.
- Eine kleine Reisezahnbürste.
- Hirschtalg, zum Salben der Füße am Morgen und am Abend.
- Kleine Tube Sonnencreme, kann man sich am Weg neu kaufen, falls Bedarf besteht.
- Ein kleines Deo. Benötigt man neues Deo, kann man sich dies am Camino kaufen.
- Gute(!) Blasenpflaster.
- Haarseife und Körperseife. Je kleiner und ergiebiger, desto besser. Hiermit lässt sich auch die Wanderkleidung durchwaschen.
- Wenn keine Haarseife, dann Shampoo, am besten „2 in 1", also kombiniert mit Spülung, wer es für die Haare benötigt, in irgendeiner Form.
- Für Frauen ein kleines Notfall-Tampon-Binden-Päckchen. Auch hier gilt: Für die erste unangenehme Situation gewappnet sein, den Rest sich dann vor Ort besorgen.
- Eventuell etwas gegen Mücken. Das kann man sich aber bei Bedarf vor Ort besorgen.

Sonstiges:

- Personalausweis
- Pilgerpass (muss man sich im Vorfeld zuschicken lassen)
- Leichtgewichtiger Rucksack, der gut am Rücken auf- und ansitzt – hier sollte man sich in jedem Fall Beratung in einem Trekkingladen holen, damit das gute Stück sich dem Körper gut anpasst.

- Eine leichte Wasserflasche, für mindestens einen Liter, dicht verschließbar oder ein praktisches Wasserschlauchsystem.
- Einen kleinen, ultraleichten Schlafsack.
- Ein ultraleichtes, schnelltrocknendes Handtuch.
- Ohrenstöpsel.
- Eine Sonnenbrille.
- Eine Reisebürste, ein kleiner Kamm, je nach Bedarf.
- Bei Bedarf Haargummi oder Haarspange.
- Eventuell ein kleines Notizbuch, natürlich nur nach Bedarf, zum Beispiel für Tagebucheinträge.
- Möglichst nicht viel Bargeld bei sich haben.
- Ein kleines Portemonnaie.
- Eine EC- und / oder Kreditkarte, die möglichst gut verstaut werden sollten.
- Handy (Dank der heutigen Handys hat man heute automatisch damit bei sich: Uhrzeit / Wecker / Kamera / Reiseführer / Streckenangaben / Karten / Musik / Taschenlampe…)
- Eine Stirnlampe kann sehr hilfreich sein, sowohl abends im Bett, dass man die anderen Pilger nicht so stört oder auch um sich im Morgengrauen vor Sonnenaufgang den Weg zu beleuchten oder natürlich, falls man des Nachts im Dunkeln läuft.
- Reise-Wanderführer je nach Bedarf. Möglichst klein und handlich.
- Einen Stift.
- Ladegerät für das Handy.
- Kopfhörer für das Handy.
- Ein kleines Taschenmesser, um sich zum Beispiel unterwegs mal Obst oder Gemüse zu schneiden.

- Wäscheklammern.
- Gummilatschen / FlipFlops, praktisch hilfreich zum Duschen nach der Wanderetappe oder andere Wechselschläppchen.
- Bei Bedarf Wanderstöcke oder einen Wanderstab.
- Für Frauen empfiehlt sich eventuell auch ein Pfefferspray, für unangenehme Pilger, die ihren Weg kreuzen.
- Am Rucksack hängend sollte man eine Jakobsmuschel befestigt haben, bevor man die Pilgerreise startet. So wird man überall unausgesprochen direkt als Pilger erkannt.

Gute Wanderschuhe für die geschundenen Füße sind von Vorteil...

Was mich am Ende erwarten würde, konnte ich mir zu dem Zeitpunkt natürlich nicht vorstellen. Ebenso, was solch eine Pilgerreise mit mir machen würde. Ob es am Ende in einem positiven Erlebnis oder aber in einem Desaster enden würde, sollte ich in viereinhalb Wochen Wandern erfahren. Der meistbesuchte spanische Jakobsweg, der Camino francés, begann eigentlich in den französischen Pyrenäen. Da es für diese Region hieß, dass das Wetter schnell

umschlüge und unberechenbar sei, dass es nicht sehr viele Pilgerherbergen gäbe und ich vorhatte, den Weg alleine zu gehen, entschied ich mich, erst in Spanien, nämlich in der Stadt Logroño,
meinen Camino zu starten. Ein Flug war gebucht, von Dortmund
nach Bilbao, für Sonntag, den 6. September 2009.

Meine mir liebsten Menschen besuchten mich kurz vor meiner Abreise ein vorerst letztes Mal in meiner kleinen, gemütlichen Woh-
nung und gaben mir beste Wünsche mit auf den Weg, welche mich
gut in mein Abenteuer trugen und für die ich ihnen sehr dankbar
war und bis heute bin. Nun wollte ich für mich herausfinden, wie
es ist und wie es sich anfühlt, den Jakobsweg zu gehen. Ob ich
genug Bereitschaft aufbringen würde, am Ende durchzuhalten, um
bis nach Santiago de Compostela zu gehen? Ob mein Körper es
schaffen würde und meine Füße bereit wären mich zu tragen, so
viele Kilometer? Ob wirklich auch der eigentliche Weg für mich
das Ziel würde und der Camino als Reise mir wohlgesonnen sein
würde? Was für Menschen ich kennenlernen würde. Welche Geschichten ich hören und selbst erleben würde.

Ich schien in diesen Zeiten meines Lebens innerlich zu stagnieren.
Mein Alltag sehnte sich nach Abwechslung, nach etwas Neuem
und danach, mich selbst zu verändern. Denn neben dem Alleinsein
versuchte ich immerzu mit aller Macht, Sämtliches vorausschauend
zu organisieren und zu planen, um stets vorbereitet zu sein auf unangenehme Ereignisse und keinesfalls in eine unvorhergesehene Situation zu geraten, die mir nicht zusagte. Lief dabei etwas schief,
geriet ich umgehend innerlich außer Kontrolle und eine unbändige,
fast schon cholerische Wut machte sich in mir breit, über für mich
nicht vorhersehbares Verändertes. Dabei konnte es sich um private
Termine handeln, die kurzfristig abgesagt wurden und mich
dadurch wieder in ein Einsamkeitsloch katapultierten – schließlich

hatte ich ja die Vorkehrung einer Verabredung extra getroffen, um nicht einsam und alleine zu Hause zu sein – oder um Entscheidungen die andere trafen und die ich in keiner Weise nachvollziehen konnte und mich persönlich verletzten oder beruflicher Natur sein oder schlicht einfach um Ereignisse, die meinen gesamten Tagesablauf zunichtemachten und mich dadurch zwangen alles umdisponieren zu müssen. Kurz: Ich war auch auf der Suche nach Ruhe in mir und ich suchte danach, anzukommen, da ich mich einsam gefühlt hatte für lange Zeiten. Ich hegte die Hoffnung, dass die Erfahrung des Jakobsweges mir letztlich vielleicht half, neue Kraft, neuen Mut, neue Perspektiven und neue Gewissheiten über bestimmte Dinge aufzuzeigen. Wenn möglich, wollte ich mein Leben anschließend für mich klarer sehen und gegebenenfalls neu ausrichten können. Ich hoffte, über das viele Laufen mich letztlich leer zu laufen, um neuen Ideen und Möglichkeiten für mein anschließendes Leben neuen Raum geben zu können. Gleichzeitig hatte ich die Hoffnung, verschiedene, in meinem Kopf immer gleiche Gedanken, die täglich und immerzu, mein Dasein bestimmten, vielleicht zerlaufen zu können, um mich von ihnen zu befreien und sie loszuwerden. Dies betraf in erster Linie die Gedanken zum – gefühlt – ewigen Alleinsein und sämtliche Fragen und Überlegungen dazu, denn dieser Zustand machte mich und meinen Körper regelrecht krank. Also ließ ich mich ein auf diesen unbekannten Weg und begann mit meiner Reise zu mir selbst, durch den Camino…

… Eine langjährige Freundin, die für alles in der Welt am liebsten sonntags ausschlief, hatte sich trotzdem angeboten, mich früh am Morgen zum Flughafen zu fahren. Das frühe Aufstehen war meiner Freundin sicherlich nicht leichtgefallen. Aufgeregt und voller Vorfreude auf mein selbst gewähltes Abenteuer fuhren wir an diesem Sonntag nach Düsseldorf zum Flughafen. Kurz bevor wir vor dem Flughafengebäude Düsseldorf International Airport hielten und meine Freundin mich verabschieden wollte, schaute ich das erste Mal auf mein Flugticket und las mit Schrecken, dass ich vom Flughafen in Dortmund abfliegen sollte und nicht von Düsseldorf! Meine Freundin war sichtlich irritiert und wahrscheinlich auch entsetzt über meine Dusseligkeit an jenem Sonntagmorgen. Das peinlich berührte Lachen beiderseits blieb uns angesichts der frühen Morgenstunde im Halse stecken.

Wie hatte das passieren können, fragte ich mich im Stillen. Ich erklärte es mir so, dass ich in den Monaten zuvor, in denen ich eine insgesamt acht Monate lange Reise, für den Jakobsweg und einen daran anschließenden Aufenthalt in mehreren Ländern Süd- und Mittelamerikas, geplant hatte, so dass ich für diese bevorstehende Reise etwa zehn verschiedene Flüge gebucht hatte und Flüge teilweise hatte umbuchen müssen und ich, simpel gesagt, einfach am Ende wohl den Überblick verloren haben musste. Es war einfach wirklich blöd gelaufen an diesem Sonntagmorgen. Die langjährige Freundin trug es letztlich jedoch mit Fassung. Noch heute möchte ich mich tausendfach für diesen Fauxpas bei ihr entschuldigen.

Wir waren zum Glück gut in der Zeit und somit wendete sie umgehend und düste in schnellstmöglichem Tempo zurück nach Dortmund, über die nur an Sonntagen leere Ruhrgebietsader, an der Innenstadt vorbei und bis nach Dortmund-Wickede, zum Flughafen. Es folgte eine für mich auf dem Beifahrersitz, tief in den Sitz gerutschte, schamvolle Fahrt, zurück nach Dortmund, in der Hoffnung, das Flugzeug noch rechtzeitig zu erreichen. Dort, am Dortmunder Flughafen, musste dann alles ganz schnell gehen. Hektisch verabschiedeten wir uns voneinander und ich machte mich auf den Weg in das Flughafengebäude. *Es gelang mir tatsächlich, den noch geöffneten Schalter zum Einchecken pünktlich zu erreichen. Mit welchem Glück ich diese Reise begann!*

Mit auf exakt acht Kilogramm abgewogenem gepacktem Rucksack und zwei Wanderstöcken ging es zum Schalter zum Einchecken. Ein äußerst freundlicher, dunkelhäutiger Mann half mir in meiner Angespanntheit, meine sperrigen Wanderstöcke gut an meinem kleinen Rucksack zu befestigen, so dass ich die Stöcke glücklicherweise mitnehmen durfte. Im Handgepäck hätte ich die Wanderstöcke vermeintlich als Waffen gegen das Flugpersonal einsetzen können. Das wollte ich mir wirklich nicht unterstellen lassen.

Der Flug nach Bilbao führte per Umsteigen via Mallorca und verlief angenehm und pünktlich. Im Flieger hatte ich eine erste freundliche Begegnung mit einer Kölnerin auf ihrem Wege nach San Sebastian. In der Provinzhauptstadt Bizkaias und der Universitätsstadt Bilbao angekommen, hatte ich das erste Problemchen, nämlich kein passendes Kleingeld für den Bus in die Innenstadt, so dass der Busfahrer mich zunächst nicht mitnahm, da ich nur einen Fünfzigeuroschein zum Bezahlen bei mir hatte. An der Bushaltestelle gab es leider keinerlei Möglichkeit, Geld zu wechseln. Auch keinen Kiosk oder etwas Ähnliches, wo ich mir sonst etwas gekauft hätte, um an Kleingeld zu kommen. Sehr unfreundlich war der Busfahrer zudem auch noch zu mir. *Ein fremder Fahrgast ging irgendwann an mir vorbei, hatte Erbarmen mit mir und zahlte stillschweigend für mich ein Busticket, drückte mir dies mitleidig in die Hand und ging an mir vorbei, nach hinten in den Bus. So durfte ich dann zu meinem Glück doch noch mitfahren und der Tag schien gerettet.*

Nach meiner Ankunft in Bilbao hatte ich anschließend meine erste Couchsurfing-Erfahrung. Einer Methode, kostenlos bis sehr günstig bei Privatpersonen, auch Menschen genannt, zu nächtigen. Ich wurde an der Bushaltestelle St. Mame von einem netten Mexikaner mit rundlichem Gesicht namens Augustín, vierunddreißig Jahre alt, aufgegabelt und abgeholt. Zunächst fuhren wir zu ihm nach Hause.

Sein, wie sich herausstellte, lustiger Mitbewohner, Pablo, saß mit uns im Auto. Beiden sah man ihre mittelamerikanische Herkunft an. Zu Hause angekommen, wurde mir herzlichst mein Schlafgemach gezaubert. Die beiden holten mir ächzend eine Matratze aus ihrer Speisekammer, die im Wohnzimmer aufgebahrt wurde. Eine Nacht wollte ich bleiben. Das Bad mit der Toilette ließ keinen Zweifel daran, dass es sich um eine reine Männer-WG handelte. Ich nahm es als erste kleine Jakobswegerfahrung und sah natürlich über verschiedenste Härchen und Seifenreste hinweg. Schließlich nächtigte ich hier kostenlos und hatte keinerlei Grund zur Klage. Pingelige Leutchen hätten sich wohl eher geekelt.

Nach dem warmherzigen Empfang wurde ich am Abend in die Lieblingsbar der Bewohner um die Ecke mitgenommen. Bei einem Bocadillo wurde angenehm geplaudert und dummes Zeug geredet und ich lud alle auf eine Runde Getränke ein. Es war ein Abend in angenehmer Gesellschaft. Früh gingen wir schlafen, da alle am nächsten Morgen zeitig aufstehen und zur Arbeit gehen mussten. Sie zeigten mir die Haltestelle für den nächsten Morgen, an der ich in den Bus einsteigen müsse. Insgesamt war es ein aufregender erster Tag und ich machte meine erste positive Couchsurfing-Erfahrung mit und bei sehr herzlichen Menschen.

Montag, 07.09.2009

Ich habe erst einmal ausgeschlafen! Als ich aufwachte, waren alle ausgeflogen und ich um eine positive Begegnung reicher. Das Wetter war, wie üblich hier, mild und es regnete zu meinem Glück nicht. Am Vorabend hatten meine Gastgeber mir nämlich noch erzählt, dass Niederschlag in Bilbao häufig vorkäme und die Stadt in Europa als eine der feuchtesten Großstädte gelte. Ich nahm also mein Gepäck, fuhr mit dem Bus ins Zentrum von Bilbao und ließ

15

dort zum Museo Guggenheim Bilbao, zum Guggenheim-Museum, welches von dem amerikanischen Architekten Frank O. Gehry kreiert und errichtet worden war. Es war mir ein Herzenswunsch, dieses Museum zu besuchen, bevor ich endgültig meinem Jakobsweg-Vorhaben entgegenfuhr.

Ich hatte schon wieder Glück. Es war an diesem Tag noch ein einziges Mal für diesen Sommer und dieses Jahr ausnahmsweise an einem Montag geöffnet. Üblicherweise war es sonst immer montags geschlossen. Schon das Gebäude selbst, aus verschiedenen Materialien wie Glas, Titan und Kalkstein erbaut, war ein Hingucker und ließ für mich keine Wünsche übrig. Fantastisch, beeindruckend und sehenswert, so empfand ich es, um nicht zu sagen spektakulär, dieses Gebäude. Ich war beschwingt und entdecke zunächst das interessante Museumsäußere mit seinen abwechslungsreichen Ansichten.

Schon vor dem Museum platziert fand sich ein Kunstwerk des Künstlers Jeff Koons. Eine Art Hundeskulptur, vollständig mit Blumen bepflanzt und liebevoll „Puppy" genannt. Verwelkte Blumen würden regelmäßig ausgetauscht werden. Ich hielt dieses Kunstwerk und natürlich das gesamte Museumsgebäude fotografisch fest, bevor ich mich in die Ausstellung begab. Auch die Räumlichkeiten von innen und die Kunstexponate ließen mich angeregt und neugierig durch die Ausstellung schlendern. Ich ließ mich treiben, genoss jeden Moment in diesem faszinierenden Haus und träumte davon, in meinem Leben jedes Guggenheim-Museum weltweit einmal irgendwann zu besuchen.

Die Stunden vergingen viel zu schnell und ich vergaß ein wenig die Zeit. Anschließend fragte ich mich zum Busbahnhof durch, kaufte mir eine Busfahrkarte und aß ein paar Tapas zu Mittag. Da ich zuvor im Museum nicht auf die Uhrzeit geachtet hatte, hatte ich nun meinen eigentlich geplanten Bus verpasst und musste einen späteren Bus nehmen. Um fünfzehn Uhr fünfzehn saß ich endlich im Bus von Bilbao in die Hauptstadt der Weinregion La Rioja, Logroño in Nordspanien. Zwei Stunden fuhren wir durch bergige, üppig grüne, wunderschöne Landschaft, die mich an Österreich und an die Schweiz erinnerte. Nur die gelegentlichen Palmen irritierten den Blick momentweise.

In dem kleinen Städtchen Logroño erwartete mich meine zweite Couchsurfing-Erfahrung. Dort angekommen musste ich mir zunächst noch ein Stündchen in der Altstadt die Zeit vertreiben, bis ich Cesar, einen sympathischen Mann von Couchsurfing, vor der Kathedrale treffen konnte. Das Kirchenhaus, vor dem wir uns trafen, mit dem schönen Namen Santa Maria de la Redonda, beeindruckte mit einer barocken Fassade. Auf zwei zur Kathedrale gehörigen Türmen sollen jedes Frühjahr Störche nisten, so erfuhr ich von meinem Gastgeber. Er wohnte in einem wunderbar altsanierten Natursteinhaus in der Altstadt, das mit seinen vier Etagen ganz in der Nähe der Kathedrale lag und er hatte mir angeboten, mich für zwei Nächte beherbergen zu können. Hier hatte ich ein eigenes, mit Liebe zum Detail eingerichtetes Gästezimmer und ein eigenes, picobello sauberes Bad.

Mein Gastgeber war weltoffen, herzlich und interessiert. Von schlanker Statur, sonnengebräunter Hautfarbe, mittelgroß gewachsen, mit dunklen Augen und Haaren, die ihm bis auf die Schulter reichten. Er sprach ein gutes verständliches Englisch und es war angenehm, sich mit ihm zu unterhalten. Die gesamte Einrichtung seines Hauses war geschmackvoll aufeinander abgestimmt, eine Mischung aus Moderne und Tradition. Antiquitäten gemischt mit Dekor aus Naturmaterialien oder trendigem Design. Mit Liebe zum Detail zeigte jeder Raum, was architektonisch und künstlerisch möglich ist, wenn man nur ein Händchen bewies, im Umgang mit geschmackvollen Materialien und warmen Farben und unnötigem Kitsch keinen Raum gab. Ich bewunderte seine Einrichtungskreativität.

Wir gingen direkt nach meiner Ankunft eine Stunde mit seinem treuen Hund am nahe gelegenen Fluss Rio Ebro, dem größten Fluss Spaniens, spazieren, lernten uns ein wenig kennen und redeten über dies und das. Auf dem Weg zeigte er mir die Kirche Iglesia Imperial de Santa Maria de Palacio, die als Wahrzeichen der Stadt Logroño diente, die hiesige Pilgerherberge, wo der Jakobsweg durch die Stadt verlief und wo ich mir meinen ersten Stempel würde holen müssen. Er machte mich zudem aufmerksam auf ein riesiges Juego de la Oca, ein sogenanntes „Gänsespiel", das sich, eingelassen in das Pflaster, auf dem Boden des Kirchplatzes befand und ein berühmtes Spiel für Kinder war. Dieses Spiel würde oft mit dem Jakobsweg verglichen, da dessen Ziel genauso schwer zu erreichen sei, wie das Ziel des Spieles.

Cesar musste noch einmal für eine Stunde weg. Ich durfte derweil sein Internet benutzen und schrieb eine erste lange Sammelmail mit dem Betreff, dass ich dann auch einmal weg sei, in Anlehnung an das Buch, das mich zuvor zu dieser Reise inspiriert hatte. Ich schrieb an die Menschen, die mir lieb waren. An meine engsten Freunde und an alle mir besonders nahestehenden Menschen. Um sie teilhaben zu lassen an dem, was ich derzeit erlebte. Ich wollte ihnen mitteilen, dass es mir gut ginge und dass ich bereits jetzt schon dankbar war für diese gastfreundschaftliche Begegnung. Mich überkam ein Wohlgefühl vom ersten Moment an, in dieser schönen Stadt im Norden Spaniens und diesem stattlichen Haus. Ich kam langsam zur Ruhe und freute mich zunehmend auf die Herausforderung.

Am Abend kochte Cesar uns Spaghetti. Wir aßen und tranken zum Essen „vino tinto", einen Rioja-Rotwein aus der Gegend, von einem seiner Freunde und nicht käuflich zu erwerben, dieses Tröpfchen. Cesar erklärte mir während des Essens, dass das Klima des Gebietes Rio-ja sich sehr gut für den Weinanbau besonderer Trauben eigne und dass in dieser Gegend zum Wein gerne verschiedenste Gemüse, mit Gehacktem gefüllte Paprikaschoten oder die Paprikawurst Chorizo angeboten würden. Nach dem Abendessen zogen wir uns zurück und lasen getrennt voneinander. Ich verwöhnte seinen Hund noch ein wenig mit Streicheleinheiten und schlief in meinem Gästezimmer zufrieden ein. Auch dieser, mein zweiter Tag, war ein toller und schöner Tag!

Dienstag, 08.09.2009

Cesar war früh weg, um zu arbeiten und ich war alleine in seinem Haus. Ich ging hinaus in diese schöne Stadt und ließ mich treiben. An diesem Morgen war ich nach dem Aufstehen den Jakobsweg, der mitten durch die Stadt führte, innerhalb Logroños ein Stück zurückgegangen, raus aus der Stadt, um mir für meinen Pilgerpass meinen allerersten Stempel zu holen. Die Stempelstelle für Logroño lag vor der Stadt, etwas außerhalb. *Auf dem Hinweg verlor ich ein Shirt, welches ich aber auf dem Rückweg glücklicherweise wiederfand.*

Ich ging einkaufen und kochte anschließend eine asiatische Reispfanne für meinen Gastgeber Cesar, um mich bei ihm zu bedanken dafür, dass ich dort kostenlos zweimal nächtigen durfte. Er freute sich darüber, als er von der Arbeit kam. Am Nachmittag duschte ich und nutzte noch einmal die Internetmöglichkeit, nicht wissend, wann ich dazu das nächste Mal die Möglichkeit bekommen sollte. Abends ging Cesar mit mir aus. Wir trafen seinen Freund David. Ein ebenfalls zuvorkommender Mann. Wir waren alle drei unge-

19

fähr in einem Alter. Gemeinsam gingen wir in der sehenswerten Altstadt Tapas essen und Wein trinken und für mich war es ein lustiger und netter Abend. Ich fühlte mich wohl und würde gerne irgendwann wiederkommen nach Logroño. Zeitig ging ich schlafen, damit ich am Morgen, früh, mein Vorhaben würde beginnen können. Als ich am Abend im Bett lag, begann die Aufregung auf den nächsten Tag und die Neugierde auf den echten Anfang meiner Reise auf dem Jakobsweg, dem Camino de Santiago.

Mittwoch, 09.09.2009

Erste Etappe: Logroño – Ventosa (20,1 km)

Dieser Morgen war der Beginn meiner eigentlichen Pilgerreise. Zehn Minuten vor acht Uhr war es, die Sonne war aufgegangen und schien angenehm warm. Ich packte meinen Rucksack, bekam von Cesar noch einen frisch aufgebrühten Milchkaffee, einen Café con leche und dann brachte er mich zu seiner Haustür. Als er sie öffnete, schlug mir die frische Morgenluft entgegen und mein Herz mir bis zum Hals. Wir umarmten uns freundschaftlich. Ich bedankte mich für seine Gastfreundschaft und wünschte ihm alles Gute. Er verabschiedete mich mit den Worten: „Mit dem nächsten Schritt machst du den ersten Schritt deines bevorstehenden Pilgerweges. Buen Camino!" Ich bedankte mich noch einmal für seinen Wunsch für einen guten Weg für mich, atmete durch, trat die Stufe herab auf die Straße und löste mich von meiner Behütung.

Mein Jakobsweg begann, mit einem guten Gefühl und motiviert, bei Kilometerstein 632,8 Kilometer bis Santiago de Compostela.

20

Nun ging ich dorthin, wo der Camino francés mitten durch Logroño führte und begab mich auf seine Spuren. Ich war so aufgeregt, neugierig, glücklich und gespannt wie der Weg verlaufen und was mich erwarten würde.

Meine erste Aufgabe bestand darin, die Zeichen des Weges deuten zu lernen, um ihm folgen zu können. Und so suchten von Beginn an meine Augen nach Schildern, Schriften und Hinweisen, die keinen Irrtum zuließen und mich sicher weiterweisen würden. Schnell entwickelte ich ein Gespür dafür, die Zeichen zu finden, um dem Weg zu folgen. Meistens handelte es sich bei „dem Zeichen" um eine gelbe Jakobsmuschel, gedruckt auf blauem Hintergrund. Es konnte aber auch nur eine Jakobsmuschel irgendwo ab- oder aufgedruckt sein. Oder aber oft auch nur ein gelber Pfeil, der die Richtung vorgab. Die jeweiligen Zeichen waren im Grunde überall zu finden, bestanden aus unterschiedlichsten Materialien, man musste im wahrsten Wortsinn die Augen stets offenhalten und Ausschau nach ihnen halten. Sie befanden sich mal auf dem Boden, auf dem Asphalt oder einfach auf einem Schotterweg aufgemalt. Gelegentlich waren entsprechende Wegzeichen auch in den Boden eingelassen oder als Kacheln an Häuserwänden zu finden, aufgemalt an Laternen oder die Laterne selbst war geformt wie eine Jakobsmuschel und diente als Zeichen oder sie hingen schmiedeeisern als Geländer an Balkonen. Manchmal waren sie an einen Baumstamm gepinselt oder ein verwittertes Holzbrett diente als Schild und Wegweiser. Schlicht, überall mussten meine Augen umherschweifen und ich musste mein Augenmerk auf alles richten, da jede Einzelheit wichtig sein konnte. Ich durfte mich nicht nur auf eine „normale" Wegbeschreibung verlassen oder darauf warten, sondern sollte die Zeichen sehen lernen. Schon nach kürzester Zeit verstand ich, dem Weg zu folgen und wurde Kilometer um Kilometer sicherer dabei.

Es ging heraus aus der Stadt. Der Jakobsweg sollte mich von nun an mehr als fünfzig Kilometer durch die Rioja-Gegend führen. Beide Beine und Füße waren hoch motiviert und trugen mich leicht voran. Innerlich sprudelte ich vor Glückshormonen und wollte am liebsten jedem berichten, wie sehr ich mich auf dieses Abenteuer freute. Ich grinste wie ein Honigkuchenpferd vor mich hin, ließ mich vorwärtstreiben und war bald raus aus der Stadt Logroño, wo die ländliche Gegend der Rioja begann und den Weg bestimmte und mich zu dem Gebiet La Grajera an einem Stausee führte. Es ging vorbei an dem See und direkt hinein in und durch die sanft hügeligen Rioja-Felder.

Herbstfarbene und frische tiefe Grüntöne wechselten sich ab. Rotbraune Erde bestimmte den Boden, über den ich lief. Die Rebenfelder rechts und links von mir zeugten mit ihren knorrigen Stöcken, von einem hohen Alter. Auf Feldwegen zog sich der Jakobsweg durch die Rioja-Weingegend. In dem Örtchen Navarrete beschloss ich erstmals, eine kurze Rast einzulegen. Ich gönnte mir meinen ersten Café con leche in einer Bar und ein Bocadillo con jamon, ein mit Serrano-Schinken belegtes Baguette-Brötchen, und traf dort auf ein Pärchen in den Fünfzigern aus Dänemark. Wir kamen vorsichtig miteinander ins Gespräch und jeder führte seinen Weg zunächst weiter fort.

Da mich meine Füße vor lauter Enthusiasmus regelrecht verblüfften, trugen sie mich stetig voran und am Ende weiter, als es auf meiner zuvor akribisch erstellten Planung der letzten Monate ursprünglich einmal vorgesehen war. Somit war meine gesamte Ausarbeitung zu den Etappen, wie ich sie hatte gehen wollen und an welchen Orten ich hatte nächtigen wollen, bereits an diesem ersten Tage dahin. Aber natürlich musste ich diese positive Energie meiner weiter gehen wollenden Füße nutzen und ausnutzen. Am Ende zählte schließlich jeder geschaffte Kilometer.

Die letzte Stunde dieser Erstetappe war anstrengend. Es war zum Mittag sehr heiß geworden und ich war durchgeschwitzt, als ich das Örtchen Ventosa nach meinen ersten erlaufenen gut zwanzig Kilometern müde aber überglücklich und zufrieden erreichte. In der einladenden und sehr sauberen Pilgerherberge Albergue San Saturnino wurde ich warmherzig aufgenommen und erhielt ein unteres Bett von einem hochstöckigen Doppelbett. Ich traf erneut das dänische Pärchen wieder und lernte von ihnen, dass man als erstes nach der Ankunft in einer Herberge die getragene, durchgeschwitzte Wäsche per Handwäsche aus- und durchwusch. Gesagt, getan. Ich duschte und zog meine zweite Kleidungsmontur an. Das Duschen nach der Ankunft sollte sich später oft als das Erholsamste und Wohltuendste herausstellen, sofern es durchgehend für den gesamten Duschvorgang warmes Wasser gab. Unterwäsche, Socken, Shirt und Hose wurden im Anschluss kräftig durchgewaschen und draußen auf einer Wäscheleine zum Trocknen aufgehängt. Es gab Extra-Wäscheleinen für die Pilger.

Nachdem ich mich auf mein Bett gesetzt hatte, schlief ich dann doch vor Erschöpfung einige Zeit ein. Am späten Nachmittag wachte ich auf und lernte noch weitere erste Pilger kennen. Da waren, eine fröhliche Rosa aus der Schweiz, eine drahtige Manuela aus Österreich, die am Tag dreißig bis vierzig Kilometer lief, eine gesprächige Luisa aus Barcelona und Tracy und ihr Mann Marc, ein entspanntes junges Paar aus Neuseeland. Aus der ganzen Welt, alles verschiedene Charaktere und jeden Alters und unterschiedlichster Intentionen. Mit dem dänischen Ehepaar, welches sich mir und den anderen Pilgern als Mathilde und Kristian vorstellte, ging ich am Abend um neunzehn Uhr zum sogenannten „Pilgermenü". Es gab frischen knackigen grünen Salat als Vorspeise, gebratene Sardinen zum Hauptgang und zuckersüße Honigmelone zum Nachtisch. Dazu bekamen wir zusammen eine Flasche Rotwein und eine Flasche Wasser. Das alles kostete zehn Euro und fünfzig Cent für jeden. Während des Essens gab es erste Unterhaltungen und ein vorsichtiges Beschnuppern des Gegenübers. Die Zeit verging und wir begaben uns zurück auf unsere Zimmer.

Ich war so gespannt, wie ich schlafen würde, mit so vielen fremden Menschen in einem Raum. Als wir uns alle bettfertig gemacht hatten, stellte ich fest, dass jeder außer mir einen kleinen, leichten Schlafsack dabeihatte. Ich leider nicht und mir graute es sofort, dass ich frierend würde schlafen müssen. Ich wandte mich an die herzliche Herbergsmutter und fragte sie, ob sie vielleicht eine Decke für mich hätte. *Sie gab mir einen Schlafsack mit den Worten, ich könnte ihn behalten, wenn ich wollte. Es war ein spontanes Herzensgeschenk von ihr an mich, wie ich spürte.* Sollte ich den Schlafsack irgendwann nicht mehr brauchen, so bat sie mich, ihn dann einfach wieder in einer Pilgerherberge zu lassen, sodass er vielleicht irgendwann jemand anderen auch noch einmal wärmen könne. Ich war sehr dankbar, da ich nun nachts nicht frieren musste.

Der mir geschenkte Schlafsack war ein in die Jahre gekommenes, altes Exemplar, dick gefüttert und prall gestopft in seiner Hülle. Er hatte insgesamt die Größe meines gesamten Rucksacks, den ich ja zuvor mit viel Mühe über ein halbes Jahr auf insgesamt maximale acht Kilogramm gepackt hatte. Die einzige Möglichkeit für mich, ihn ab morgen bei mir zu tragen sah ich darin, ihn oben auf meinen Rucksack draufzuschnallen. Das Gewicht meines gesamten Gepäckes würde sich somit schlagartig um einige Kilogramm erhöhen. Mein Hightech-Handtuch aus dem Trekkingladen, super leicht und schnell trocknend, hing ich zum Trocknen an das Fußende meines Bettes.

Als ich im Bett lag, fielen mir die Sachen ein, die heute beim Abendessen erzählt worden waren. Manuela aus Österreich hatte berichtet, dass einige Tage zuvor aus einer Herberge in Pamplona Rucksäcke gestohlen worden seien. Das dänische Paar erzählte von einer Frau, die seit der Schweiz gelaufen sei und somit seit Wochen unterwegs sei. Zwei Tage zuvor wurden ihr ihre Wanderschuhe gestohlen. Jemand anderes meinte, in einer Herberge habe es Bettwanzen gegeben und die Pilger hätten nach dieser Erfahrung sehr zerbissen ausgesehen. Louisa aus Barcelona erklärte uns, während der Influenza dürfte in Santiago de Compostela in der Kathedrale der Heilige nicht mehr berührt und geküsst werden. Am Ende schlief ich trotz der Aufregung bald ein. Am Morgen hatte ich recht gut geschlafen und meine erste Nacht gemeistert. Ob ich geträumt hatte in dieser ersten Nacht auf dem Camino, wusste ich am Morgen nicht.

Rebstöcke in der Rioja Gegend

Donnerstag, 10.09.2009

Zweite Etappe: Ventosa – Azofra (16,4 km)

Als ich am Morgen aufwachte, stellte ich fest, dass mir jemand nach meiner ersten Nacht mein nagelneues, ultraleichtes Handtuch vom Fußende meines Bettes gestohlen hatte und ich ärgerte mich darüber. Mir wurde bewusst, dass ich nun kein Handtuch mehr hatte und somit ein Problem. Ich gewöhnte mir ab diesem Morgen an, jeden Morgen, bevor ich meine Socken überzöge, meine Fußsohlen dick mit Hirschtalg einzureiben. Dasselbe machte ich von nun an jeden Abend, bevor ich ins Bett ging.

An diesem Morgen wünschte ich Manuela aus Österreich noch einen „Buen Camino!", also einen „Guten Weg!" und lief los. Zum Zeitpunkt des Verlassens des Ortes Ventosa und der Herberge zu früher Stunde hatte ich noch keine Idee, wie ich an ein neues Handtuch würde kommen können. Ich beschloss, mir darüber später in Ruhe Gedanken zu machen, in der Hoffnung, mir unterwegs ein neues kaufen zu können. Es ergab sich beim Loslaufen, dass ich mit einem sportlichen jungen Paar, Martha und Mathias aus Frankfurt und Wiesbaden, meine heutige zweite Etappe begann. Gemeinsam gingen wir, uns angeregt unterhaltend, bis nach Nájera. Unterwegs überholte uns Louisa aus Barcelona. In Nájera hatten wir zusammen eine Kleinigkeit gefrühstückt, um uns für die restliche Etappe zu stärken.

Martha berichtete mir, sie und ihr Freund hätten versehentlich drei Handtücher bei sich und hätten somit blöderweise ein Handtuch zu viel, ob ich vielleicht eines gebrauchen könne? Ich glaubte in diesem Augenblick zunächst, ich hätte mich verhört. *Sie schenkte mir auf diesem Wege zufällig und unaufgefordert beim Frühstück einfach ein neues Handtuch. Ich konnte mein Glück in diesem Moment nicht fassen und dankte ihr natürlich und auch dem Camino, zunächst noch eher unbewusst, dafür, dass er anscheinend dafür gesorgt hat, dass ein anderes Handtuch mich erreicht.* Den beiden erzählte ich anschließend, dass mein eigenes Handtuch mir in der Vornacht gestohlen worden war und ich nun über diesen schönen Zufall umso überraschter sei. Ich lud Martha als Dank dafür zum Frühstück ein.

Weiter ging es. Mein Weg führte mich heute an beeindruckenden roten hohen Felswänden in der Gegend von Nájera vorbei. Auf der Strecke nach Ventosa führte der Jakobsweg auf die Höhe des Alto de Sant Antón. Unterwegs ging es durch Weingärten, mit tiefblauen, ins Violette gehenden Rioja-Trauben, soweit das Auge reichte. Wunderschön waren die Reben und ihre saftigen prallen Traubenfrüchte. Ein kleiner grüngrauer Frosch kreuzte meinen Weg und brachte meine Lippen zum Lächeln. Entlang herrlicher Paprikafelder ging es weiter. Viel Schotteruntergrund prägte heute den Camino. Ich entdeckte unzählige Steinpyramiden auf meinem Weg, die hier vorbeigelaufene Pilger zuvor entlang der Wegesränder, zur Orientierungshilfe oder zu ihrem Spaß, abgelegt und aufgetürmt hatten. Die Etappe betrug heute knapp sechszehneinhalb Kilometer.

Nach meiner Ankunft in Azofra speiste ich am Mittag mit Tracy und Marc aus Neuseeland und dem hektischen, älteren Paar Peter und Sylvana aus Australien, die diesen Jakobsweg gerade zum sieben(!) Mal gingen, wie ich erfuhr. Somit kannten sie inzwischen sämtliche Herbergen und wussten, wo es sich lohnt einzukehren. In einer Pilgerherberge, die sich als sauber, nett und vollkommen in Ordnung herauskristallisierte, ergatterte ich nach meiner Ankunft ein Zweierzimmer und fühlte mich grundsätzlich wunderbar, jedoch schmerzte einer meiner Füße. Peter aus Australien hatte dies sorgenvoll registriert und verband mir erstmals am frühen Abend meinen Fuß mit Pflastern. Dafür klebte er mir zurechtgeschnittene Pflasterstücke anscheinend gekonnt stramm um meinen Fuß. Das Ganze war so straff, dass ein Bewegen des Fußes zunächst eingeschränkt war und ich mich humpelnd fortbewegen musste. Ich sollte diese Art Verband über Nacht um den Fuß lassen und am Morgen vor dem Laufen das Pflaster entfernen und den Fuß salben, empfahl Peter.

Am Abend ging ich mit dem dänischen Pärchen Mathilde und Kristian und einer jungen Frau namens Cry aus Dänemark gemeinsam zum örtlichen Pilgermenü. Für zehn Euro bekamen wir heute einen Eisbergsalat als Vorspeise, ein Fischfilet zum Hauptgang und reife, tiefrote, süße Wassermelone als Nachtisch. Eine Flasche Rotwein und eine Flasche Wasser bekamen wir zu dem Essen wieder dazu. Köstlich schmeckte alles und der Abend war toll. Und wieder hatte ich einen schönen Tag erlebt und konnte zufrieden lächelnd einschlafen.

Freitag, 11.09.2009

Dritte Etappe: Azofra – Grañon (22 km)

Mein mit Pflastern über Nacht verbundener Fuß war zu meiner Überraschung tatsächlich soweit wiederhergestellt und um zwanzig Minuten nach sieben Uhr am Morgen, zum Sonnenaufgang, ging ich gut gelaunt alleine los. Die aufgehende Sonne, das zunehmend wärmende Licht und die frische Morgenluft ließen meine Füße sich entspannt und mit Leichtigkeit bewegen. Auf breiten Feldwegen auf ebenem Gelände, ganz nach meinem Geschmack, ging es durch einen bewaldeten Hang auf die Hochebene der Rioja Alta. Die flache Weite sollte, wie Pilger in der Herberge mir zuvor berichtet hatten, einen ersten Eindruck von den ebenen Strecken zwischen den Städten Burgos und León vermitteln.

Kurz vor dem Örtchen Cirueña holten mich die zügig laufenden Dänen Cry, Mathilde und Kristian ein. Gemeinsam tranken wir etwas in einer Bar. Dort bekam jeder auch einen weiteren Stempel für seine Wanderbemühungen. Nach dem Päuschen blieben die anderen noch sitzen und ich lief erneut langsam vor. Noch vor dem Städtchen Santo Domingo de la Calzada, das eine sehenswerte Altstadt vorzuweisen hatte, holten sie mich erneut ein. Wir aßen dort gemeinsam ein Bocadillo und nutzen die Gelegenheit, uns an einem Geldautomaten frisches Geld zu holen. Cry und ich besichtigten anschließend die örtliche Kirche mit den zwei Hühnern. Zunächst war man verwundert über die Hühnerhaltung im Gotteshaus. Dann aber durften wir erfahren, dass sich um diese Kirche mit den zwei Hühnern folgende Legende rankte:

Und zwar hätte ein deutsches Pilgerehepaar gemeinsam mit ihrem Sohn Hugonell im sechzehnten Jahrhundert in Santo Domingo auf seinem Pilgerweg Halt gemacht. Der junge Sohnemann hätte die Zuneigung der örtlichen Wirtshaustochter verachtend abgelehnt, woraufhin die beleidigte Tochter ihm etwas unterschob und ihn aus Rachegelüsten als Dieb beschuldigt hätte. Der Jüngling wurde laut Legende zum Tode durch Erhängen verurteilt und landete dadurch am Strick. Seine Eltern, die derweil ihren Weg nach Santiago fortgesetzt hatten, fanden ihn auf ihrem Rückweg am Eingang des Ortes. Ihr Sohn hing noch immer an dem Strick, lebte jedoch noch. Der ehemalige Einsiedler Dominge de Viloria, der sein ganzes Leben dem Pilgern auf dem Jakobsweg gewidmet hatte, selber eine Herberge und ein Hospiz gegründet hatte und sich stets um die Pflege kranker Wanderer gekümmert hatte, hatte ihren Sohn die ganze Zeit über auf seinen Schultern am Leben erhalten. Umgehend berichteten die Eltern dem vorständigen Richter davon, der gerade beim Essen saß, in der Hoffnung, ihr Sohn würde nun freigelassen. Dieser entgegnete den Eltern, ihr Sohn sei so tot wie die gebratenen Hühner auf seinem Teller. Er hatte den Satz noch nicht ganz zu Ende gebracht, da hätten sich die Federtiere von seinem Teller erhoben und seien geradewegs davongeflogen. Nach diesem Geschehnis mussten die Richter als eine Art Mahnung für lange Zeiten einen Strick um ihren Hals tragen.

In der Kirche wurden noch heute als Erinnerung an dieses Wunder ein Paar weiße Hühner gehalten. Je ein weißes Huhn und eine weiße Henne in einem Käfig. Diese wurden angeblich alle drei Wochen ausgetauscht. Der Eremit Santo Domingo soll bereits kurz nach seinem Tode heiliggesprochen worden sein. Mit Bezug auf die Legende sollte es in einigen Bäckereien noch immer kulinarisch sogenannte „Ahor Caditas", kleine Gehängte, ein mit Creme gefüllter Blätterteig, in der Form einer Pilgermuschel und einem kleinen gehängten Mann, gegeben haben.

Auf der heutigen Etappe hatte sich die Landschaft vollkommen verändert. Es ging durch die Tierra de Campos, die sogenannten „Kornkammern" Spaniens. Rechts und links erkannte ich abgeerntete Weizenfelder. Es galt, einige Hügel hinaufzuwandern. Das Wetter war heute angenehm warm, mit einem kühlen Wind, der teils frisch daherkam, mich aber gut vorwärtstrieb. Die erreichte Herberge Hospital de Peregrinos San Juan Bautista in Grañon, nach einer Etappenstrecke von zweiundzwanzig Kilometern, war in einer alten Kirche untergebracht. Pilger, die vorher in dem Ort Santo Domingo de la Calzada genächtigt hatten, wurden hier nicht aufgenommen. Anhand des Stempels konnte dies erkannt werden.

Auf drei Etagen gab es auf dem Boden ausgelegte Matratzen. Also im wahrsten Sinne des Wortes ein Matratzenlager. Ich selbst lag auf einer neben Cry, Mathilde und Kristian, der kleinen dänischen Fraktion. Nachmittags aß ich im Örtchen mit Cry zusammen eine Tortilla. Später wurde geduscht, die Kleidung gewaschen und eine kleine Siesta gehalten. Anschließend halfen wir Pilger der Herbergsmutter das Abendessen für vierzig Personen vorzubereiten. Gemeinsam putzten wir viel frisches Gemüse wie Möhren, Tomaten, Zwiebeln, Zucchini und Salat. Das machte mir großen Spaß! Ich hätte glatt hierbleiben können und diesen Job machen, dachte ich bei mir.

Die Herberge lebte von den Spenden der Pilger. Je nachdem, wie viele Spenden am Tag zusammenkamen, wurden davon neue Lebensmittel für die Pilger am Folgetag gekauft. Man musste also immer hoffen, dass die Pilger vom Vortag großzügig gespendet hatten, denn umso reichhaltiger würde das Essen ausfallen. *Vor dem Essen führte der Priester Pablo nur mich heimlich in den Chor der Kirche. Die Alarmanlage war schon an, aber ich durfte einige Minuten alleine dort verweilen. Es war ein schönes Gefühl, dort abgeschieden mit mir und meinen Gedanken für einige Momente zu sitzen.* Das gemeinsame Abendessen später mit allen Pilgern war urgemütlich und wohltuend. Dieses Mahl gewann zudem an Sympathie, da wir es mit vielen zusammen zubereitet hatten. Es gab mit spanischem Olivenöl angemachten frischen Salat, dazu einen köstlichen und wärmenden Gemüseeintopf, Eis zum Nachtisch und ein Glas Rotwein sowie frisches Zitronenwasser für jeden.

Nach dem Essen wurde im Chorraum der Kirche eine kleine Messe abgehalten. Gebete in verschiedenen Sprachen vorgetragen und es wurde von verschiedenen Pilgern vorgelesen. Eine Kerze wurde herumgereicht, mit guten Wünschen für uns Pilger. Eine selbstbewusste Renate aus Hamburg führte für vierzehn Tage diese Herberge. Ihr zur Hand ging ein junges, taffes Mädchen namens Anja. Nachts hatte ich erstaunlicherweise gut auf der Matratze zwischen all den anderen auf dem Boden geschlafen. Was für ein toller Ort zum Nächtigen, hatte ich vor dem Einschlafen noch gedacht.

Samstag, 12.09.2009

Vierte Etappe: Grañon – Belorado (16,3 km)

Am Morgen stand ich gegen sechs Uhr leise auf. Der zum Her-bergs- und Kircheninventar gehörige, einfühlsame Pablo zeigte in der Früh all denen, die am Vortag geholfen hatten, das Abendessen zuzubereiten, den Ausblick vom Kirchturm. Dafür stiegen wir mit Taschenlampen und Kerzen die alten ausgetretenen Stufen des Kirchturmes hinauf. Oben angekommen, war es aber um diese Zeit noch dunkel, so dass das Örtchen noch schlafend und still schlum-mernd vor uns lag und nur einzelne Straßenlaternenlichter Zivilisa-tion um uns herum erahnen ließen. Pablo sowie Renate und Anja, die besonders fleißigen, engagierten momentanen Betreiber dieser Kirchenherberge, bereiteten im Anschluss an unseren stillen, klei-nen morgendlichen Ausflug uns Pilgern mit Liebe ein reichhaltiges köstliches Frühstück. Jeder spendete, was er wollte und konnte, nun mit dem Wissen, dass das Geld für das Essen für die nach uns ankommenden Pilger verwendet werden würde.

Ich aß ein wenig und lief bald langsam los. Meine Flasche befüllte ich mir noch am Dorfbrunnen mit frischem Wasser, dann begann in Grañon, um zwanzig Minuten nach sieben Uhr, gemeinsam mit Kristian, Mathilde und Cry, meine vierte Etappe. Crys Knie war, im Vergleich zu den Etappen zuvor, heute gut und so war sie bald nur noch in der Ferne zu sehen. Sie war jung, sportlich, sehr schlank und groß gewachsen, hatte lange Beine und diese trieben sie, sobald bei ihr der Schmerz in ihren Knien nachließ, mit Elan an. Am Ende hatten wir sie an diesem Tag nicht wiedergetroffen. Ob wir sie überhaupt noch einmal sehen würden, wussten wir nicht.

Wir anderen hatten den Weg mühsam geschafft. Mathilde hatte viele dicke Blasen an ihren beiden Füßen und ich hatte Schmerzen in den Fußsohlen, der Verse und dem Knie. Erschöpft kamen wir an in dem Ort Belorado, der bekannt war für Lederwaren. Nach guten sechzehn Kilometern kamen wir zum Glück in der Herberge neben der Kirche, die von Schweizer Frauen geführt wurde, unter und bekamen jeweils ein Bett zugeteilt. Erneut wurde uns von Bettwanzen erzählt. Ich hoffte, der „Kelch der Bettwanzen" ginge an uns und mir vorüber. Nach der täglichen Siesta und der Dusche aßen wir wieder eine köstliche Tortilla. Heute schmerzten meine beiden Füße dermaßen, dass ich mich fragte, ob ich am kommenden Tag überhaupt würde laufen können.

In Belorado bestimmte ein Burgberg mit den Überbleibseln einer Festung aus dem Mittelalter das Bild. Mehr bekamen wir von dem kleinen Städtchen nicht mit. Des Abends wurde uns wieder ein köstliches Drei-Gänge-Pilgermenü gereicht, für insgesamt nur neun Euro pro Person. Ich durfte heute noch kurz Tracy und Marc aus Neuseeland wiedertreffen und lernte den etwas verpeilten Matteo aus Köln kennen. Ein großer, junger, sehr schlanker, fast schon etwas schlaksig wirkender Mann mit dunkelblonden Haaren, von denen ihm immer wieder eine große Strähne in sein Gesicht fiel, und markanten grünen Augen. Vollkommen müde fiel ich ins Bett und war noch immer skeptisch, ob ich morgen die fünfte Etappe würde gehen können.

Inzwischen hatte ich erfahren und gelernt, dass man nicht einfach eine Nacht länger in einer Pilgerherberge bleiben, sondern immer nur für eine Nacht nächtigen durfte. Des Morgens würde jeder Pilger von den jeweiligen Herbergsbetreibern quasi vor die Tür gesetzt. Schließlich sollte man sich nicht ausruhen, sollte man das Ganze nicht als kleinen Spaziergang empfinden und auch nicht als einfaches, spaßiges Unterfangen. Es galt, dass ein Pilger der Sache einen gewissen Ernst zusprach, seinen Körper zu spüren bekam und in all dem sollte er sich bewusst werden über sich selbst, über das eigene Leben und das Dasein, über gemachte Pläne, verpasste Chancen, hoffende Wünsche. Lediglich in Ausnahmefällen, wenn ein Pilger zutiefst erschöpft sei oder sichtlich von Verletzungen gezeichnet wäre, würde dem körperlich Geschwächten im Normalfall gestattet, eine weitere Nacht in einer Pilgerherberge zu bleiben.

Sonntag, 13.09.2009

Fünfte Etappe: Belorado – Agés (20 km)

Die letzte Nacht hatte ich nicht so gut geschlafen. Immer wieder musste ich an die Bettwanzen denken. Noch nie in meinem Leben hatte ich solche Tierchen gesehen und hoffte, sie rechtzeitig erkennen zu können, sollten sie mir in einem der nächsten Betten begegnen. Um sechs Uhr am Morgen stand ich auf, salbte wie an jedem Morgen meine Füße ein, zog mich an und frühstückte eine Kleinigkeit in der Herberge, die mit Hilfe von Spenden am Leben erhalten wurde.

Eine Viertelstunde nach sieben Uhr ging ich los. Mathildes Füße waren noch immer gezeichnet von prallen Blasen und sie konnte nur schwerlich gehen. Wir waren inzwischen ein kleines eingespieltes Trio geworden, das sich vertraute und aufeinander Acht gab. Das blauäugige Mittfünfziger-Pärchen, das flotten Schrittes stets motiviert, gut gelaunt und unterhaltsam freiwillig an meiner Seite blieb. Sie, blond, schlank und klein gewachsen. Er, groß, mit Halbglatze. Beide vom Typus her Sympathieträger der ersten Reihe, offen, fröhlich, liebenswert, interessiert, stets freundlich, unterhaltsam und sehr respektvoll im Umgang als Paar miteinander.

Gemeinsam mit Kristian und Mathilde nahm ich mir heute ein Taxi nach Espinosa del Camino. Von dort begann für uns nämlich ein steiler Aufstieg nach Villafranca. Die Luft war frisch und kühl und die Landschaft um uns herum war in einen einzigartigen Nebel getaucht. Es ging heute auf 1.162 Meter hoch. Ich kam ganz schön ins Schwitzen. Mein Rucksack mit meinem neuen „Freund", dem schweren Schlafsack oben drauf, wackelte durch das zusätzliche Gewicht bei jedem Schritt merklich, fast schon ausufernd, hin- und her. Beim Anstieg konnte daher jeder Pilger mich von Weitem sehen, da ich mit meinem Rucksack und dem aufgeschnallten Schlafsack darauf nicht zu übersehen war. Kurz ging mir durch den Kopf und ich stellte mir im Stillen vor, wie ich samt meiner überstehenden Zusatzlast durch eine Böe von der Seite ins Schwanken geraten und umgeworfen würde und dann daläge, wie eine Schildkröte auf ihrem Panzer.

Einen Halt legten wir ein in San Juan. Ich dachte zu diesem Zeitpunkt, ich könnte keinen Schritt mehr weitergehen. Doch nach der Pause und einem Schuhwechsel konnte ich eine weitere Stunde laufen, bis nach Agés, zu der Herberge El Pahar de Agés. Zuvor hatten wir den Aufstieg in die Montes de Oca bewältigt, einer herben, verwilderten und kargen Umgebung und insgesamt zwanzig Kilometer erwandert. Hier lauerten laut Aussage meines dänischen Begleiterpaares, die den Weg bereits ein zweites Mal gingen, früher wohl Diebe den Pilgern auf und es soll in dieser Gegend seinerzeit viele wilde Tiere gegeben haben. Die Landschaft während unserer Etappe wechselte in den Bergen von Eichenwäldern zu riesigen Farnen und Nadelbäumen. Wir naschten ein paar süße Früchte von einem kräftigen Mirabellenbaum, den wir auf unserem Weg in Agés entdeckt hatten und nachdem das Gebirge hinter uns lag, belohnte uns ein weiter Blick auf die Ebene in Richtung der Großstadt Burgos.

Angst machte sich in mir breit, ich könnte Mathilde und Kristian beim Wandern blockieren. Diesen Gedanken verdrängte ich jedoch schnell wieder, da ich mir sagte, wenn sie das nicht wollen würden, würden sie sich von mir verabschieden und einfach schnellen Schrittes ohne mich weiterlaufen. Es tat mir gut, nicht ganz alleine zu sein. Sie beide taten mir gut, da sie auf mich achteten, auch wenn wir streckenweise nicht gemeinsam gingen. Schließlich warteten und erwarteten sie mich immer spätestens am Ende jeder Etappe. Vortags, beim Pilgermenü, luden sie mich zu sich nach Dänemark ein. Mathilde erzählte mir, dass sich die Wanderung auf dem Camino in vier Phasen einteilen ließe...

...Demnach nenne man *die erste Woche* auch die *„Körperliche Woche"*, da sich in diesen ersten Tagen der Wanderung der Körper an die Strapazen zu gewöhnen beginne und man sich physisch vom sonstigen Alltag umstelle.

Die *zweite Woche* sei die *„Psychische und Geistige Woche"*, in der man mental beginne, gedanklich freier zu werden, sich zunehmend bereitwillig einlasse auf die Entsagungen und anfinge, seine Gedanken zu ordnen, warum man eigentlich gerade auf dem Wege sei. Es würden nun Dinge an die Oberfläche gespült, die vielleicht lange und länger in den Tiefen des Unterbewusstseins geschlummert hätten und / oder verdrängt worden waren.

Die *dritte Woche* auf dem Camino sei die *„Seelische Woche"*. In diesen Tagen kämen viele Pilger psychisch in manchen Momenten an ihre Grenzen. Verdrängte Abgründe täten sich auf, Ängste würden hinterfragt oder sogar noch einmal durchlebt, man käme an den Punkt, an dem man denke, vielleicht sollte man aufgeben; man beginne zu zweifeln, an sich, an seinem Vorhaben, seinen Plänen, seinem Erlebtem. Überwinde man diese Phase, alleine durch das Weiter-

Gehen-Wollen, Weinen, Laufen bis zur Erschöpfung, erreiche man in der Regel wie selbstverständlich die *vierte Phase*.

Diese zeichne sich meist durch die „*Woche der Findung*" aus, wie die vierte Woche genannt würde. Hier hätte man den Punkt erreicht, an dem man begreife, dass es kein Hexenwerk sei, sich auf das Einfachste zu reduzieren. Dass man die Kraft in sich spüre, die einen bis hierher getragen habe, dass man dadurch neuen Mut schöpfe und Zuversicht, um Dinge neu anzugehen, zu verstehen, zu begreifen, zu verinnerlichen, Veränderung zu wollen, zu finden, was man vorher nicht wusste, was man eigentlich zu Beginn des Weges für sich und das Leben gesucht habe.

Den ganzen Jakobsweg über sollten diese Anmerkungen von Mathilde mich von nun an immer wieder begleiten. Am Nachmittag hielten wir unsere täglichen Rituale ab. Ich schlief meine komatöse Siesta, duschte danach und wusch mit meinen Händen und mit Seife meine angestaubte Kleidung durch, hängte diese wie jeden Tag mit der Hoffnung auf, dass sie bis zum Morgen getrocknet sein würde.

Ein uriger Mann in den Fünfzigern aus Dortmund war ebenfalls in unserer Herberge untergekommen. Er berichtete, dass er am Polizeipräsidium in Dortmund leben würde – in diesem Moment empfand ich dies als unglaublich. Wie klein die Welt doch war. Ich erfuhr von ihm, dass er Wolfgang hieß, Lehrer an einer Gesamtschule sei und in einer Bluesband spielen würde. Es faszinierte mich komischerweise immer, wenn ich auf Menschen traf, die aus meiner Heimatgegend Dortmund stammten.

Abends trafen Matteo aus Köln und seine scheuen und eher unnahbaren Begleiter aus den USA vollkommen fertig bei uns ein. Sie waren bis zum nächsten Ort gewandert und hatten völlig entkräftet umkehren müssen, da die dortige Herberge bereits voll gewesen war. Somit liefen sie vollkommen erschöpft mehrere Kilometer den Weg wieder zurück und kamen nach insgesamt dreißig Kilometern in unserer Herberge an, in der für jeden von ihnen zu ihrem Glück noch ein Bett frei war. Gemeinsam aßen wir alle zusammen zu Abend. Das dänische Pärchen, Wolfgang aus Dortmund, Matteo und seine USA-Freunde. An der Bar unmittelbar nebenan, die draußen aus einem überdachten Tresen bestand, nahmen wir danach noch ein Getränk. Dem groß gewachsenen Matteo knickten die Beine weg und er fiel vor Erschöpfung fast vom Barhocker. Immer wieder hielt ich mir vor Augen, dass es ein Geschenk war, dass ich Mathilde und Kristian hatte begegnen dürfen und mit ihnen die Tage und Momente teilen durfte. Es tat so gut, nicht alles alleine erleben zu müssen. Auch Matteo und die anderen Pilger waren mir alle sehr sympathisch.

Montag, 14.09.2009

Sechste Etappe: Agés – Burgos (18 km)

Bis zum gestrigen Tag hatte ich die zusätzlichen, vorher nicht eingeplanten Kilos des mir geschenkten Schlafsackes schweißtreibend geschleppt. In der hiesigen Herberge in Agés hatte ich ihn dann am Morgen vor dem Losgehen geplant vergessen in der Hoffnung, er würde irgendwann einem anderen Pilger auch wieder gute wärmende Dienste leisten und vor dem Frieren schützen. Ich hatte das erste Mal so richtig verschlafen und war erst eine Viertelstunde nach acht Uhr losgegangen. Viel zu spät eigentlich, denn normalerweise hatte mein Körper die meiste Energie in den frühen Morgenstunden mit dem Sonnenaufgang. Alle anderen Pilger waren bereits weg und der Raum der Herberge war leer. Ein merkwürdiges Gefühl, so zurückgelassen und alleine zu sein. An den anderen Tagen war ich bisher früh morgens immer eine der Ersten, die die Herberge verlassen hatte.

Nach dem Verlassen des Örtchens Agés bot sich mir ein toller Blick über die Ebene von Atapuerca und von der 1.081 Meter hohen sogenannten Matagrande konnte ich in der Ferne die Stadt Burgos erblicken, mein heutiges Etappenziel. Es pfiff ein heftiger eisiger Wind, der mich stetig vorwärtstrieb. Er blies mir bei einem teils steinigen, steileren Aufstieg durch die Kleidung und reizte gehörig meine Ohren. Für den kommenden Tag wollte ich unbedingt meine Windjacke griffbereit haben, die irgendwo tief vergraben in meinem Rucksack auf ihren Einsatz wartete. Eine Pause legte ich in Cardenuela Riopico ein. Dann wanderte ich weiter nach Castanares, wo ich auf mein dänisches Pärchen stieß.

Es galt auf dieser Etappe, einen steinigen Abstieg von der Anhöhe zu meistern, um anschließend über Feldwege, durch kleine Dörfchen, über den Fluss Rio Pico und am Ende entlang des Flusses den Weg nach Burgos zu finden. Von dort aus nahmen wir zu dritt einen Bus, um in die Innenstadt von Burgos zu kommen. Da Mathilde und Kristian zu dieser Zeit den Camino bereits zum zweiten Mal liefen, wussten sie um das hässliche Gewerbegebiet, das sich langsam, auf purem grauem Asphalt bis zur Innenstadt zog und wollten sich und unseren Knien dies ersparen und uns dieses unschöne Wanderstück des Weges nicht antun. Einen kleinen Fußmarsch hatten wir dann noch bis zu der Unterkunft. Es erwartete uns nach achtzehn Kilometern eine neue, sehr große, saubere Herberge, die drei Euro am Tag kostete.

Die Stadt Burgos gilt als Hauptstadt Kastiliens. Nach unserer Ankunft aßen wir Tapas, die wir uns unterwegs gekauft hatten. Wir gönnten uns eine wohltuende Dusche und hielten das tägliche Nickerchen ab. Am Nachmittag machte ich mich in der Innenstadt von Burgos auf die Suche nach einem Geschäft für Outdoor-Bekleidung. *Ich wurde zum Glück fündig und leistete mir in einem kleinen Lädchen einen dreihundert Gramm leichten Schlafsack für einundvierzig Euro.*

Ich folgte einem Weg durch die Altstadt, der an der großen Kathedrale endete und ich bekam die Möglichkeit, einen Blick in das Kirchengebäude, die Catedral de Santa Maria von Burgos, zu werfen. Ihre zwei vierundachtzig Meter hohen Türme gelten als Wahrzeichen der Stadt. Schon von außen war es ein fantastisches gotisches Gesamtkunstwerk, beeindruckend und mit seinen hübsch verzierten Portalen lud es mich neugierig zu sich ein. Dort fand just in diesen Augenblicken eine Messe statt. Im Innern erwartete mich ein gewaltig großer Kirchenraum mit kunstvoll verzierten Gittern zur Abtrennung des Hauptaltares und ein wunderschönes Kuppelgewölbe. Ich war derart beeindruckt und unmittelbar den Tränen nahe. So groß und mächtig und prächtig! Einfach fantastisch imposant, schön und sehenswert. Ich war nun mehr als zuvor gespannt auf die Kathedrale, die mich in Santiago de Compostela erwarten würde. Sie sollte ebenfalls so mächtig groß und schön sein. Ich hoffte, ich würde dort ankommen und sie sehen und betreten dürfen.

Am Abend folgte das bisher erste grottenschlechte Pilgermenü, mit einer undefinierbaren Suppe, die glibberig und einfach ekelhaft war und die ich trotz Hungers nicht essen konnte. Als Hauptgang bot man uns muffige Spaghetti an und gekrönt wurde die Essensfolge mit viel zu stark gezuckerten Pfirsichen aus der Konservendose. Das bisher ungenießbarste Pilgermenü auf dem Jakobsweg. Und das, obwohl Burgos kulinarisch tolle Gerichte zu bieten gehabt hätte, wie Queso de Burgos, also Frischkäse mit Honig und Nüssen oder ein deftiges Reisgericht mit Namen Morcilla, welches mit Zwiebeln, Pfeffer, Blutwurst gekocht oder gebraten zubereitet wird. Für uns Pilger musste es hier in Burgos wohl billig sein in der Herstellung, das Abendessen. Schade.

Ich kaufte noch ein paar brauchbare Dinge für mich ein und traf am Abend zufällig Matteo aus Köln wieder, der auch heute wieder vollkommen fertig und am Ende war, sowohl körperlich als auch psychisch. Der Camino zehrte an ihm und er kämpfte stündlich und täglich auf ein Neues mit sich, ob er weitergehen oder besser abbrechen solle. Gemeinsam huschten wir, frierend wegen der Kälte, zügig an der Flanierpromenade Paseo de Espolón am Fluss entlang und suchten eine Bar auf, um uns aufzuwärmen. In dieser tranken wir Bier und Wein und klauten von den Tischvorgängern ein Brot für uns zum Frühstück. Es wurde in Servietten gewickelt in den Jackentaschen verstaut und wir freuten uns diebisch über unseren Clou.

In der folgenden Nacht schlief ich trotz meines neuen Schlafsackes schlecht, da es bitterkalt war. Burgos war bekannt für sein raues Klima und hatte von den Einheimischen auch den Beinamen „La fria", die Kälte, bekommen. Ich fror enorm, hustete viel und war unruhig in dieser Nacht. Keine so gute Voraussetzung, um am nächsten Morgen weiterzugehen. Immerhin hatte ich heute meine ersten einhundert Kilometer geschafft, was für mich einfach wunderbar war und mich ein wenig mit Stolz erfüllte.

Dienstag, 15.09.2009

Siebte Etappe: Burgos – Rabé de las Calzadas (13 km)

Nach einem gemeinsamen Frühstück mit Mathilde, Kristian und Matteo, bei unserem Diebesgutbrot, kräftigem, spanischem Manchego-Käse, würziger Wurst und prallen, saftig süßen, tief orange-roten Tomaten, in der Massenherberge von Burgos, kam ich auch heute erst eine Viertelstunde nach acht Uhr los. Der Himmel schaute mir vollkommen wolkenverhangen und trübe entgegen. Eisig kalt war die Luft, wie in der Nacht zuvor. An Kleidung hatte ich fast alles angezogen, was ich in meinem Rucksack mitgeführt hatte. Zum ersten Mal trug ich meine Windjacke und musste mein Stirnband als Ohrenschutz gebrauchen, da ich sonst das Gefühl hatte, meine Ohren würden mir erfrierend abfallen. Auf dem Weg, der durch den Arco de San Martin, durch einen Torbogen, der früher Eingang zum jüdischen Viertel war, aus der Stadt Burgos herausführte, traf ich noch einmal auf die fröhliche Pilgerin Christa, die ich vorher irgendwann einmal kennen gelernt hatte. Sie freute sich kindgleich über die Begegnung mit mir und machte ein Abschiedsbild von uns beiden.

Nachdem ich die Stadt Burgos hinter mir gelassen hatte, öffnete der Jakobsweg sich für die Meseta, die Ebene, mit ihren schier unendlich scheinenden Getreidefeldern. Es wurde behauptet, dass Pilgern durch das Erlaufen der weitläufigen, schier nicht enden wollenden, von karger Gestalt geprägten Meseta schonungslose Willensstärke abverlangt wurde. Am heutigen Morgen war ich gut ins Laufen gekommen und war den ganzen Weg bis Tardajos sogar mal vor Kristian und Mathilde. Dort holten sie mich schließlich ein und meine Füße taten mir inzwischen beide wieder weh. Wir pausierten bei einem Bocadillo und einem frisch gepressten, sonnig süßen, fast leuchtenden Orangensaft. Dann liefen wir weiter, bis nach Rabé de las Calzadas.

Von Burgos bis zu unserem Etappenziel verlief der heutige Weg zunächst auf unwohltuendem, kräftezehrendem Asphalt und später dann auf angenehmen Feldwegen. Durch den Beginn der Ebene ging es, mit nur noch wenigen Bäumen und einer zunehmend einsamer werdenden Landschaft. Nach dreizehn Kilometern erwartete uns ein nettes Örtchen. Zuvor hatten wir noch Horrorgeschichten über die dortige Pilgerherberge gehört. Es sei laut und dreckig und nicht einladend dort. Am Ende fanden wir jedoch eine neue Herberge vor, die sich zu unserem Glück als sehr sauber und schön herausstellte.

Bei unserer Ankunft trafen wir erneut auf Matteo aus Köln und seine Begleiter aus den USA. Wir landeten alle gemeinsam in einem Zimmer mit Doppelhochbetten. Die Herberge kostete jeden von uns zehn Euro pro Nacht. Matteo hatte sich Durchfall zugezogen und blieb somit die meiste Zeit in seinem Bett und schlief. Alle hatten nun Sorge, sich irgendwie anzustecken und auch Durchfall zu bekommen. Nur kurz besuchten wir die dortige örtliche Kirche, da es bitterkalt war und nicht möglich, sich irgendwo länger aufzuhalten. Die Kirche schien in ihrem Innern noch kälter zu sein als es draußen eh schon war. Also verweilten wir alle in der einzigen Bar am Ort, schon allein deswegen, weil es dort muckelig warm war.

Meseta

43

Zum Abendessen gab es eine kräftig gewürzte Nudelsuppe, ein Stück warme Tortilla und einen Joghurt mit Rohrzucker. Ein köstliches Mahl, vor allem nach dem Essensreinfall in Burgos. Da es hier sonst nichts zu tun gab, fanden wir alle uns am Abend in der Bar wieder. Es war bitterkalt und die Bar der einzige Ort, wo die Leute des Ortes sich außerhalb ihrer Häuser aufhalten konnten, ebenso wir Pilger. Mathilde und Kristian hatten zwei Flaschen Wein zum Essen spendiert, ich kaufte uns eine weitere Flasche in der Bar, so wurde uns auch von innen her über den Abend wärmer und am Ende sogar warm und wohlig, sodass wir alle, rote Wangen bekamen. Da es in den Zimmern für jeden eine Wolldecke gab und ich das erste Mal mein mobiles Musikgerät bemühte, schlief ich in dieser Nacht ausgezeichnet. Ich will nicht ausschließen, dass der Wein diesen Zustand hilfreich unterstützt hatte. Noch vor dem Einschlafen wurde mir bewusst, dass ich die erste Woche geschafft hatte und nun tatsächlich täglich seit sieben Tagen weitergelaufen war. Es erfüllte mich mit zufriedenem Stolz und ich lächelte in der Dunkelheit des Zimmers glücklich in mich hinein.

Mittwoch, 16.09.2009

Achte Etappe: Rabé de las Calzadas – Hontanas (20 km)

Als ich am Morgen aufwachte und das erste Mal hinausschaute, musste ich leider feststellen, dass es in der Nacht zu regnen begonnen hatte. Meine zweite Wanderwoche begann somit wettertechnisch im wahrsten Sinne des Wortes trübe. Ein erstes Mal holte ich meinen Regenponcho aus den Tiefen meines Rucksacks. Ich war schon losgegangen und auf dem Weg, hatte bereits einen knappen Kilometer durch den Regen hinter mich gebracht, als mir schweren Herzens auffiel, dass ich meine Wanderstöcke in der Herberge vergessen hatte. Es half alles nichts. Ich musste also umkehren und zurückgehen. Es ärgerte mich, denn an die zwanzig Minuten hatte ich dadurch verschenkt.

Heute begann der Jakobsweg, in die sogenannte „Meseta" zu führen. Überall abgemähte Felder, bis zum Horizont, soweit das Auge reichte. Nach der wunderbaren Rioja-Ebene galt es ab jetzt, über und durch die abgemähten Weizenfelder dieser Ebene zu laufen. Meine Füße überraschten mich und liefen heute mal wieder recht gut. Ein eisiger Wind begleitete mich stetig und stur. Der Regen ließ im Laufe der Etappe dankenswerterweise nach. Es war kalt, aber es war gut zu laufen, da es durchweg eben voranging. Ich lief an Hornillos del Camino vorbei, legte nur einen kurzen Klostopp ein und schaute, dass ich mir meinen täglichen Stempel abholte. Geplant hatte ich, eine Pause in San Bol zu machen. Dort angekommen, musste ich jedoch feststellen, dass es sich dort lediglich um ein Nichts im Nirgendwo handelte. Somit lief ich also weiter und setzte meinen Pilgerweg fort. Mathilde und Kristian holten mich wie immer irgendwann auf der Strecke ein.

Meseta

Nach ganzen zwanzig Kilometern, für die ich fünf Stunden durch die Meseta-Ebene ohne Pause benötigt hatte, kamen wir bei Regen endlich gemeinsam in dem kleinen Dorf an, zufrieden über die bewältigte Etappenstrecke. Nachdem Temperaturen von sechsunddreißig Grad – für mich leider – inzwischen vorbei waren und dem längst vergangenen Sommer angehörten, war es frisch und teils wirklich sehr kalt geworden auf dem Jakobsweg. Es herrschte auf der Ebene ein eisiger Wind, der einen trotz des Warmlaufens schon mal frösteln ließ. Zuletzt taten mir die Füße wieder weh.

Nach unserer Ankunft, nach gelaufenen zwanzig Kilometern, erreichten wir heute eine recht neue Herberge, die zunächst einen schönen Eindruck auf uns machte. Wie sich jedoch herausstellte, war die Herbergsmutter leider nicht sehr freundlich. Dennoch entspannten wir bei einem köstlichen Bocadillo und einem warmen Café con leche. Unsere Kleidung musste nach der wärmenden Dusche selbstverständlich trotz der Kälte wie jeden Tag gewaschen werden. Anschließend hatten wir wie immer das Bedürfnis, ein erfrischendes Schläfchen am Nachmittag zu halten.

Danach konnte ich in der Herberge nach Langem einmal eine Stunde ins Internet und eine zweite lange E-Mail tippen. Als dazu gehörigen Betreff schrieb ich dieses Mal „You never walk alone…". Ja, einerseits war dem so, aber, wenn man wollte, konnte man auch für sich sein und alleine die Etappe laufen. Man lernte ständig neue Leute kennen, sofern man offen und bereit dafür war und dies wollte. Ich hatte ja schon mehreren Leute begegnen und sie kennen lernen dürfen: Wolfgang aus Dortmund, der sich seinerzeit genau wie ich im Sabbatjahr befand; Peter und Sylvana aus Australien, die äußerst zügig, um nicht zu sagen rasant, zum siebten Mal auf dem Jakobsweg unterwegs waren – wobei ich zu diesem Zeitpunkt nicht nachvollziehen konnte, warum jemand das Ganze so oft wiederholte; einen Maler aus Barcelona, der das siebzehnte Mal unterwegs war, um den Camino zu gehen und immer und überall Matteo, egal, wo er sich gerade aufhielt, egal wo er stand oder saß, egal, was ihm vor die Augen kam; natürlich mein dänisches Pärchen und Matteo aus Köln, die ja quasi inzwischen für mich zu regelmäßigen Begleitern geworden waren und viele Pilger aus verschiedensten Ländern mehr, die hier und da meinen Weg kreuzten.

Geschichten waren immer wieder im Umlauf, zum Beispiel von gestohlenen Rucksäcken in einer Herberge in Pamplona. Mir war unbegreiflich, wie jemand sich derart diebisch an wanderden Pilgern bedienen konnte. Eine Vorstellung, die für mich einem Alptraum gleichkam, sein minimalistisches, mühsam bei sich getragenes Hab und Gut böswillig entwendet zu bekommen. Weiterer Horror schlechthin für die meisten Pilger waren die unberechenbaren Bettwanzen. Bisher hatte ich diesbezüglich Glück und hatte immer gute und saubere Herbergen erwischt. Der Camino sollte, so berichteten einige Pilger, wegen der Bettwanzen sogar richtig offiziell geschlossen werden, wobei wir alle uns fragten, wie sie das denn hätten anstellen wollen.

Überall sah ich täglich kaputte, geschundene Füße, mit dicken prallen Blasen, an Fersen und Zehen und durfte verschiedenste Pflastergrößen- und arten an ihnen entdecken. Ich hatte auch hier bisher Glück. Keine einzige Blase an den Füßen bisher. Aber wer wusste schon, wie lange noch, dachte ich bei mir. Und nach jeder Etappenankunft hatte ich das Gefühl, am nächsten Tag könnte ich keinen Schritt mehr machen. Aber irgendwie ging es jeden Morgen auf ein Neues wieder weiter.

Nach nunmehr gut einer Woche war ich inzwischen vollkommen in meinem Pilgerdasein angekommen. Morgens zum Sonnenaufgang ging ich in der Regel los. Manche der Pilger liefen auch schon im Dunkeln los, bevor die Sonne aufgegangen war. Viele dieser Pilger machten das so lange, bis sie sich einmal im Dunkel verliefen und einige Stunden orientierungslos umherirrten und dadurch wertvolle Zeit verbummelten. Nach dieser Negativerfahrung warteten auch sie dann eher mal auf den Sonnenaufgang. Für mich waren die frühen Stunden des Tages oft eine Wonne, denn ich liebte die frische Luft am Morgen, bewunderte täglich jeden Morgen neu, wie alles auf meinem Weg erwachte und der Morgen langsam mit mir zusammen in den Tag fand. Irgendwie versuchte ich dann, mit jedem vorbeiziehenden Tag das für mich für diesen Tag gesetzte Ziel zu erreichen.

Nach der erreichten Ankunft hatte ein Pilger für sich genommen nicht mehr arg so viel zu erledigen. Die getragene Kleidung musste gewaschen werden, vom Körper mussten Staub und Schweiß abgeduscht werden, eine Siesta gehalten werden und man musste sich für den Abend noch etwas zu essen organisieren – wobei die Reihenfolge jedem selbst überlassen blieb. Am Abend dann traf man sich meist in der Bar am Ort, was sollte man auch sonst machen. Man konnte sich natürlich auch in sein Herbergsbett zurückziehen, dort lesen oder Musik hören, war dann aber alleine mit sich und dennoch nicht unbeobachtet.

Die meisten waren dankbar, sich am Abend beim Essen zu treffen und auszutauschen, über persönliche Befindlichkeiten, den Weg, die Gedanken, die einen umtrieben oder Sonstiges. Dies ging auch mir so. Das allabendliche, häufig charmante, gesellige Zusammenkommen machte die Strapazen des vergangenen Tages leichter erträglich und ich war unter Gleichgesinnten, die sich alle ohne große Erklärungen verstanden. Bei einem Pilgermenü, für meist um die zehn Euro, inklusive Rotwein und Wasser, klang so der Tag oft im

Kreise netter Pilgermenschen, aus. Je früher das Abendessen statt-fand, desto mehr Wein wurde allgemein getrunken, da die Zeit län-ger dauerte, bis der Großteil zu Bett ging. Schließlich war ja ab zweiundzwanzig Uhr Schicht in der Herberge. Einen Wecker brauchte ich eigentlich nicht, da immer einige Spinner ab fünf Uhr morgens anfingen, in ihren Rucksäcken zu wühlen und mich unab-sichtlich damit langsam aus dem Schlaf holten.

Tja, und so ging es Tag für Tag. Am Abend saßen wir mit mehreren Pilgern unterschiedlichster Nationen erst beim Pilgermenü und später noch in einer Bar, bei Rotwein. Matteo erzählte uns später an diesem Abend noch, wie er bei einem bekannten deutschen Fernsehsender mit jungen einundzwanzig Jahren in einer Dating-Show gelandet war. Obwohl er dort teilgenommen hatte, war es ihm leider nicht gelungen, dort sein Herzblatt zu finden. Wir lagen alle vor Lachen fast unter dem Tisch.

Mathilde und Kristian waren heute früher schlafen gegangen. Sie hatten sich heute mal ein Zweibettzimmer gegönnt. Ich war in ei-nem Mehrbettzimmer gelandet und musste in einem Hochbett mit nur einseitiger Begrenzung oben schlafen. Ein wenig unruhig ver-suchte ich, Schlaf zu finden. Es begleitete mich die Angst aus Kin-dertagen, ich könnte aus dem Bett fallen. Schnarcher, Licht und der Kaffee vom Nachmittag ließen mich am Ende in dieser Nacht lei-der keine Ruhe finden und nur unzureichend schlafen. Auch Oh-renstöpsel wollten nicht helfen. Es war sowieso allabendlich für mich eine kleine Herausforderung, mit vielen verschiedenen frem-den Menschen in einem Schlafsaal zu schlafen. Die einen schnarch-ten, andere röchelten, wieder andere mussten ihren Darmgasen freie Bahn lassen und schienen damit auch keine Hemmungen zu haben, weder akustisch noch olfaktorisch, manche brabbelten wir-res Zeug im Schlaf und die wenigsten schliefen einfach still schlum-mernd vor sich hin und begaben sich ins Land der Träume. Auch wenn ich mich verblüffender Weise täglich mehr an die Umstände gewöhnte, so musste ich für mich feststellen, dass ich doch den tiefsten Schlaf erreichte, wenn ich ab dem Mittag keinen Kaffee mehr getrunken hatte und einfach vor Erschöpfung in einen Tiefschlaf fallen konnte, der alles um mich herum quasi im Dunkel der Nacht erstickte. Ob ich selber während meiner Schlafphasen irgendwelche unangenehme unschöne Geräusche von mir gab, konnte ich nicht wissen oder sagen. Berichtet wurde mir zumindest nicht davon.

Donnerstag, 17.09.2009

Neunte Etappe: Hontanas – Itero de la Vega (22 km)

Ich war morgens gut und motiviert aus dem Bett gekommen und alleine eine Viertelstunde nach sieben Uhr losmarschiert. Auf dem ersten Wegestück bis Castrojeriz war ich begleitet von einem Italiener gegangen. Er passte sich meinem langsamen Schritttempo an und wir führten eine angenehme kurzweilige Unterhaltung über dies und das während des Gehens. Als ich alleine eine kleine Pause machte, lief er weiter und ward nicht mehr gesehen. Somit lief ich anschließend weiter und war eine Weile für mich auf meinem Weg. Buen Camino.

Unterwegs kam ich an einem kleinen Outdoor-Laden vorbei. Ich schaute kurz hinein, fand für mich nichts Sinnvolles und Brauchbares und setzte somit meinen Weg fort, indem ich einfach weiterlief. In der Ferne war dicker und dichter Nebel zu sehen. Nach dem auf einem Hügel liegenden Städtchen Castrojeriz folgte für mich der Anstieg über die Höhe von Mostelares und auf den Berg Alto de Mostelares, auf neunhundertdreizehn Meter. Der Anstieg war anstrengend für mich, aber ich war stolz, als ich es geschafft hatte und oben angekommen war. Da wusste ich, was ich getan hatte. Mir fiel es einfach immer wieder schwer, bergauf zu gehen und am liebsten waren mir und meinen Füßen Wege, die im holländischen Stil verliefen, also flach und eben – und möglichst ohne asphaltierten Untergrund.

Es folgte anschließend ein steiler und für meine Knie unangenehmer Abstieg, bei welchem ich dankbar für meine Wanderstöcke war. Nach diesem Talmarsch hatte ich die einzige Blase meines gesamten Weges am Körper. Aber nicht, wie alle anderen Pilger an einem meiner Füße, sondern zu aller Überraschung an einem meiner Daumen, nämlich entstanden bei dem steilen Abstieg, durch die Reibung meines Wanderstockes an der Innenseite meiner Hand. Erst am Ende sollte ich wissen, dass ich mir auf meinem gesamten Jakobsweg nur diese eine Blase zugezogen hatte. Die Wanderstöcke selbst hatten ihre Hilfe nicht verfehlt und mir jeden meiner Schritte erleichtert und mir geholfen, vorsichtig abwärts tretend sicher voranzukommen, bevor es wieder weiter eben durch die Meseta ging und Felder weiten Auges das Bild prägten. Für mich unerwartet tauchte die wunderschöne Bogenbrücke von Itero auf und der herrliche, wasserreiche Fluss Rio Pisuerga zog sich darunter durch die Landschaft. Satte grüne Felder folgten.

Bei der Ankunft in Itero de la Vega, nach zweiundzwanzig Kilometern, war es das erste Mal, dass ich kurz vor Mathilde und Kristian eintraf, was mich innerlich ein wenig mit Stolz erfüllte. Bisher war ich immer erst nach ihnen an den Etappenzielen angekommen. Wir beschlossen gemeinsam, einmal nicht in die Pilgerherberge zu gehen. Zusammen nahmen wir uns ein Dreibettzimmer, welches uns fünfzehn Euro pro Person kostete. Ein fantastisches Gefühl war das und wir freuten uns wie Kinder über ein gelungenes Geschenk. Ein tolles Bett wartete auf jeden von uns, ohne durchgelegene, verwanzte Matratzen. Drei einzelne Betten gab es in dem Zimmer und ein eigenes Bad, welches wir nicht mit anderen Pilgern teilen mussten. Luxus war halt manchmal etwas Schönes. Nach dem Bezug des Zimmers gingen wir gemeinsam ein Bocadillo essen und gönnten uns ein erfrischendes Clara, also ein Radler, als Belohnung. Nachdem jeder seine Kleidung durchgewaschen hatte, hielten wir unser wohltuendes Mittagsschläfchen ab. Es war ein Genuss, auf einer bequemen Matratze und in frisch bezogener Bettwäsche zu schlummern.

Am Nachmittag trudelten auch Matteo und seine Freunde ein. Wir verabredeten uns an einem Picknickplatz an der Herberge, setzten uns dort später zusammen und jeder steuerte essens- und getränketechnisch bei, was er oder sie als Vorrat noch bei sich hatte. Gemeinsam tranken wir Rotwein, aßen grüne und schwarze Oliven, Erdnüsse und Hartkäse und verbrachten schöne gesellige Stunden zusammen. Ich fühlte mich heute besonders wohl und genoss mein Dasein. Als ein energischer Regen uns alle plötzlich überraschte, mussten hektisch alle frisch gewaschenen Kleidungsstücke von den Leinen gerissen werden. Ich hängte meine Sachen teils in unserem Zimmer auf, teils draußen über einem überdachten Stuhl. Durch den Regen drifteten wir, wie durch Geräusche überraschte verschreckte Hasen, spontan alle auseinander. Jeder verzog sich zu seinem Rückzugsort, das persönliche Bett, um den Regen abzuwarten, in der Hoffnung, am Abend würde es wieder trocken sein.

Gegen neunzehn Uhr ging es zum abendlichen Pilgermenü. Es kostete jeden von uns neun Euro. Es gab eine wärmende Linsensuppe als Vorspeise, im Ofen gebackenes Huhn zum Hauptgang und Honigmelone als Nachtisch zu essen. Danach waren wir alle dermaßen satt und müde, dass wir auf unser Zimmer gingen, denn der Regen wollte an diesem Abend noch nicht aufhören. Blöderweise hatte ich für alle vorher im Supermarkt Wein, Nüsse und Oliven gekauft. Durch den Regen hatte ich nun viel davon über und wusste zunächst nicht, wie ich das alles am nächsten Tag transportiert bekommen sollte. Matteo erbarmte sich schließlich und war so nett und sich anzubieten, einen Teil der Sachen bis zum nächsten Morgen zu hüten und sie an sich zu nehmen. Gegen zweiundzwanzig Uhr machten wir drei in unserem Zimmer erschöpft das Licht aus.

Ich schlief in meinem frisch bezogenen Bett in dem Dreibettzimmer fantastisch, im Gegensatz zu Matteo, der in einem Mehrbettzimmer mit vielen Schnarchern schlafen musste und keine angenehme Nacht hatte, wie er uns am nächsten Tag zu berichten wusste. Zum Einschlafen lauschte ich den beruhigenden Regentropfen, die in einem leisen Rhythmus auf das Dach prasselten und mich so in den Schlaf brachten.

Freitag, 18.09.2009

Zehnte Etappe: Itero de la Vega – Frómista (16 km)

Wir blieben jeweils bis acht Uhr in unseren kuscheligen Betten und wollten gar nicht aufstehen und dieses paradiesische Schlafnest verlassen. Nachdem wir uns widerstrebend dazu durchgerungen, uns angezogen und soweit startklar gemacht hatten, nahmen wir ein schnelles Frühstück zu uns, aßen ein Stück Brot auf der Hand und tranken einen Café con leche im Stehen aus einem Plastikbecher. Heute war der neunzehnte Todestag meines Vaters. Er starb am 18.09.1990 viel zu früh, mit fünfundfünfzig Jahren, an Lungenkrebs. Die Wanderetappe begann am Morgen ungemütlich bei grauen Regenbändern und passte zu meiner Stimmung, die von hochkommender Trauer getrübt war.

Als wir losgingen, trafen wir auf Matteo und seine Freunde, die sich nach einer Nacht mit schlechtem Schlaf wie gerädert fühlten und nur missmutig in den Tag starteten und zur heutigen, beinahe baumlosen Etappe aufbrachen. Gemeinsam mit Mathilde und Kristian lief ich los. Meine Füße trugen mich angestrengt über den regengetränkten matschigen Camino, durch tiefe Pfützen weiter und weiter im Regenponcho bis nach Boadilla del Camino. Dort pausierten wir in einer neuen Herberge mit schöner Atmosphäre und einem heute leider wetterbedingt nicht sehr einladenden Pool. Mein rechter Fuß schmerzte zunehmend und ich war heute tief-traurig. Die Trauer um meinen Vater begleitete mich, so dass ich mich vorzeitig auf den Weg machte. Mathilde und Kristian holten mich ein und erreichten mich eine halbe Stunde vor Frómista.

Unterwegs, während ich alleine lief, schweiften meine Gedanken in längst vergangene Zeiten und zum Todestag meines Vaters. Erinnerungen holten mich ein. Mein Unterbewusstsein brachte lang in mir schlummernde Erlebnisse, positive wie negative, an die Oberfläche. Das Laufen fiel mir am heutigen Tage schwer, zum einen, weil die Trauer mich einholte und zum anderen, weil mein rechter Fuß mir sehr zu schaffen machte. Meine Gefühle wurden in Form von Tränen freigesetzt. Der Weg trieb mich in meiner düsteren Stimmung weiter. In diesem Moment schien der Jakobsweg keine Rücksicht auf gefühlsreiche Befindlichkeiten oder körperliche Beschwerden zu nehmen. Erst später würde ich verstehen, dass ich mich hier mitten im Prozess der zweiten Jakobswegphase befunden hatte. Ich weinte erstmals auf dem Camino beim Gehen und fühlte nach langer Zeit wieder einmal tiefen Trauerschmerz, der vielleicht nie ganz aufhörte, weil ich ihn einfach in mir trug, so wie man eine Narbe am Körper trug.

Nach der heute mit viel Mühe geschafften sechzehn Kilometer langen Wanderetappe erreichten wir Frómista und quartierten uns in einer neuen privaten Pilgerherberge ein, für sieben Euro pro Person. Der Herbergsvater zeigte sich zunächst von seiner unfreundlichen Seite und gab mir erst nach mehrmaligem intensivem Bitten für meinen kaputten Fuß ein unteres Bett in einem Hochbett. Die gestern von mir gekauften Leckereien hatte ich mühsam als zusätzliches Gepäck mit mir hergeschleppt. Ich musste gemeinsam mit den anderen versuchen, sie heute zu vertilgen. Kurz vor Frómista hatten wir einen Kanal überqueren müssen, den Canale de Castilla, der insgesamt etwa zweihundert Kilometer lang sein sollte und mit neunundvierzig Wehren über einhundert Höhenmeter überwinden sollte. Wir erfuhren in der Unterkunft, dass dieser Kanal im achtzehnten Jahrhundert erbaut worden war und damals half, Getreide in die Gegend am Atlantik zu transportieren. Heute diente er lediglich zur Bewässerung der umliegenden Felder.

Wir gingen etwas essen und danach folgten unsere alltäglichen Rituale des Wäschewaschens, Duschens und Siesta-Haltens. Den restlichen Tag hatten wir glücklicherweise keinen Regen mehr gehabt. Ich lief los in den Ort, um mir Briefmarken für Postkarten zu kaufen, die ich an mir liebe Menschen schreiben wollte. Unterwegs wurde ich von wohlklingender Orgelmusik angelockt, die aus einer geöffneten Kirche durch die Luft zu mir und zu meinen Ohren drang. Als ich das Gotteshaus betrat, weinte ich das zweite Mal an diesem Tag und konnte mich zunächst nicht mehr beruhigen und kaum aufhören. Niemand, außer dem für mich unsichtbaren Orgelspieler und mir war in dieser Kirche. In diesem Moment fühlte ich mich so alleine und unendlich einsam. Ich hegte weiter den

Wunsch in mir, der nicht aufhörte, nicht mehr alleine durch dieses Leben gehen zu müssen. Dieser Wunsch nach einem beständigen Partner eroberte sich unaufgefordert mein Gedächtnis. Ich konnte nichts dagegen tun. Gleich einem Mantra war er ununterbrochen in meinem Kopf anwesend. Immer weiter hoffend, dass ich es erleben durfte, irgendwann um meiner selbst willen geliebt zu werden. Ich dachte bei mir, was für ein Glück Mathilde und Kristian miteinander mit ihrer Liebe hatten. Jung hatten sie sich begegnen dürfen und nun wurden sie seit Jahrzehnten miteinander jedes Jahr glücklich älter. Wieso kam heute alles hoch, fragte ich mich. War es der Jakobsweg, der diese Gefühle auslöste? Es musste so sein. Ich fühlte mich den ganzen restlichen Tag allein gelassen und konnte nichts dagegen ausrichten. Vielleicht war es ja schlicht und ergreifend auch einfach nur Heimweh. Ich bat abermals, mich nicht länger alleine durch das Leben gehen zu lassen. Für mich selbst wusste ich einfach, ich brauchte jemanden an meiner Seite, mit dem ich mein Leben teilen könnte, obwohl mir gleichzeitig klar war, dass ich meinen Alltag und mein gesamtes Leben selbstständig gewuppt bekam und vollständig in der Lage war, mich selbst zu versorgen und für mich zu sorgen. Dennoch fehlten mir im Alltag der Austausch und das gegenseitige Zeigen und Entdecken von Erlebtem und Neuem genauso wie Nähe, Wärme und Zärtlichkeit. Ich benötigte noch eine ganze Weile an diesem Nachmittag, mit meinen Gedanken zur Ruhe zu kommen und lief noch ein wenig hilflos durch das Örtchen, bevor ich mich schließlich erschöpft, dieses Mal neben dem Körperlichen auch geistig, auf meinem Herbergsbett wiederfand und für ein Stündchen meine Augen schloss, um mich auszuruhen.

Am Abend ging ich zusammen mit meinem dänischen Pärchen zum Pilgermenü. Dieses Mal war es klasse und schmeckte absolut lecker. Es gab einen riesigen gebratenen Forellenfisch für jeden, dazu frischen Salat und tief dunkle cremige Mousse au Chocolat zum Nachtisch. Einfach köstlich war dieses Mahl. Mein dänisches Pärchen ging früh schlafen. Am Ende dieses Tages konnte ich kaum noch laufen, da mein rechter Fuß fürchterlich schmerzte. Mit einem Pilger aus Barcelona trank ich spontan noch ein Glas Wein in der Herberge auf einer Bank vor der Unterkunft und konnte später trotz der vielen Trauer und den trüben Gedanken vom Tage gut einschlafen, auf einer gefühlt neuen Matratze.

Samstag, 19.09.2009

Elfte Etappe: Frómista – Carrión de los Condes (20 km)

Im dichten Nebel ging ich um sieben Uhr zwanzig zunächst wieder alleine los. Ich entschied mich, eine Pause in Villarmentero de Campos einzulegen. Dort traf ich Mathilde und Kristian wieder. Sie hatten mich zuvor auf dem Weg erneut überholt. Die heutige, zwanzig Kilometer lange Etappe war fast durchgehend bestimmt durch einen Schotterweg, der neben der Landstraße entlang verlief. Am Ende war ich heute von den meisten Pilgern, die schneller wanderten, überholt worden. Meine Füße liefen heute mehr schlecht als recht. Jeder Schritt war mühsam. Bei meiner Ankunft in dem Ort Carrión de los Condes, der an dem Fluss Rio Carrión gelegen war, kamen Mathilde und Kristian mir sogar das erste Mal entgegengelaufen, da sie sich um mich sorgten. Sie hatten in einem Hostel ein Dreibettzimmer für fünfzehn Euro pro Person für uns gebucht, wofür ich ihnen in diesem Moment sehr dankbar war.

Dieses Städtchen, so lasen wir in einem Aushang, hielt wohl schon in frühen Zeiten wichtige Pausiermöglichkeiten für Pilger auf dem Jakobsweg bereit, da es hier früher viele Herbergen und Hospitäler gegeben haben soll. Am Mittag aß ich gemeinsam mit beiden eine deftige Tortilla und trank ein goldgelbes Clara, wusch meine Kleidung, duschte und hielt eine Siesta ab. Am Nachmittag gingen wir auf ein weiteres Kaltgetränk zusammen in die Stadt. Ich hatte zufrieden meine ersten Postkarten geschrieben und diese unterwegs in einem Briefkasten eingeworfen, in der großen Hoffnung, ihre Empfänger würden sich darüber freuen.

Am Abend ging ich zum Pilgermenü mit meinem dänischen Pärchen. Es gab als Vorspeise eine orientalisch gewürzte Linsensuppe, als Hauptgang Rindfleisch zu essen und einen frischen Obstsalat als Nachtisch. Nach dem Abendessen besuchten wir gemeinsam eine Messe für uns Pilger. Mathilde und Kristian gingen auch an diesem Abend früher auf unser Zimmer und schlafen und ich bekam vertrauensvoll den Zimmerschlüssel von den beiden ausgehändigt. Gemeinsam mit verschiedenen Pilgern saß ich noch bei einem Glas Wein draußen neben der Kirche. Pilger mit den unterschiedlichsten Nationalitäten waren dort versammelt. Die meisten waren äußerst freundlich und nett zu mir, auch wenn sie mich nicht kannten. Nur eine Frau namens Sabine gab mir klar zu verstehen, dass sie nichts von mir hielt. Ich war etwas unzufrieden. Obwohl es ein schöner Tag war, kränkte mich diese Frau, die ich ja gar nicht kannte und die auch über und von mir rein gar nichts wusste. Vielleicht begann ich gerade, dünnhäutig zu werden, dachte ich bei mir.

Als ich mich leise in das Zimmer schlich, schliefen Mathilde und Kristian bereits tief und fest. Ich bemühte mich, möglichst keine Geräusche zu machen, denn ich wollte sie auf keinen Fall wecken. Die ganze Nacht hatte ich das Gefühl, dass ich des Morgens nicht würde laufen können, wegen meines Knies und meines immer wieder schmerzenden rechten Fußes. Ich musste mir auch Gedanken machen und mir überlegen, ob ich nicht doch besser in den Pilgerherbergen bleiben sollte und ob es nicht zu teuer für mich würde, wenn ich mir immer wieder ein Zimmer in einem Hostal oder in einer Pension gönnte, auch wenn ich das ja dann mit Mathilde und Kristian teilte und es somit eigentlich kaum teurer als eine der Pilgerherbergen war.

Sonntag, 20.09.2009

Zwölfte Etappe: Carrión de los Condes – Terradillos de los Templarios (26,3 km)

Morgens war ich mit dem Gedanken wach geworden, keine Lust zum Laufen zu haben!!! Beim Aufstehen war ich mir sicher, dass ich die heute bevorstehende Etappe nicht schaffen würde. Von den Erzählungen der Pilger, die den Jakobsweg bereits mindestens einmal gegangen waren, wusste ich, dass mich eine besonders lange Etappe erwartete, ohne Schatten, ohne Bäume, ohne Rastmöglichkeiten, ohne ein Angebot von Wasserstellen, um meine Wasserflasche unterwegs gefüllt zu bekommen. Zudem hatte ich Respekt und Angst zugleich, bei dieser Etappe zu versagen. Nur sehr mühsam gelang es mir, in die Gänge zu kommen, meine Füße, die sich schlicht am liebsten einfach geweigert hätten, zu salben und mich anzuziehen. Während Mathilde und Kristian etwas frühstücken gingen, kaufte ich mir eine Kleinigkeit bei einem Bäcker und ging schon einmal alleine los. Mit meinem Knie und meinem trotzigen Bein klappte es dann doch besser als ich zuvor gedacht hatte.

An einer kleinen Raststätte traf ich auf einen geselligen jungen Mann namens Manuel, der in Köln lebte. Er hatte das Aussehen eines liebenswerten Bären, eine große Statur, kräftig, gemütlich, mit kurzen schwarzen lockigen Haaren und dunkelbraunen Augen, aus denen ein wenig der Schalk hervorblitzte. Nach einem zunächst kurzen und unaufgeregten Plausch passte er sich bewusst und ab sichtlich, wie er mir mitteilte, meinen langsamen Schneckenschritten an und ging gemeinsam mit mir weiter. Wir liefen Kilometer um Kilometer, ohne jegliche spannende Sicht auf irgendetwas um uns herum. Der Jakobsweg verlief hier mehr als zehn Kilometer auf der echten alten Römerstraße, der Via Aquitana. Große, dicke, runde bis ovale Steine bestimmten den Weg und jeder Schritt wollte gut gesetzt sein, damit man nicht umknickte. Die Römerstraße führte uns mitten durch flache, abgemähte Getreidefelder, ohne irgendeinen schattenspendenden Baum. Eine Turmspitze tauchte irgendwann am Horizont auf und ließ uns ab diesem Moment hoffen, dass das Ziel erreichbar war. Jedoch war es, als ziehe eine unbekannte Macht uns immer wieder an einem unsichtbaren Faden zurück. Die Turmspitze blieb unverändert am Horizont. So sah es zumindest optisch aus. Obwohl wir weiter Kilometer um Kilometer liefen, immer die hinter einem Abgrund herausragende Spitze des Gebäudes in der Ferne betrachtend im Auge hielten, schien sie nicht näher zu kommen oder größer zu werden oder sich auch nur minimal zu unseren Gunsten ein wenig zu verändern. Es kam uns vor, als würden wir uns ihr einfach nicht annähern und die Distanz schien sich absolut nicht verringern zu wollen. Aufgeben war in dieser unzivilisierten Einöde leider keine Option.

Unterwegs erzählte der eloquente Manuel mir – gefühlt – seine gesamte Lebensgeschichte. Dass er drei Kinder hätte, von drei verschiedenen Frauen, wie er zu welcher Frau im Leben stünde und warum, was er sich für sich und seine Kinder erhoffte, seine Wünsche, von seinen Träumen und Plänen. Er beschrieb die unterschiedlichen Charaktere der Frauen, die in gewisser Weise durch die gemeinsamen Kinder sein Leben bestimmten und berichtete lustige Anekdoten und Erlebnisse mit seinem Nachwuchs. Ganze 17,3 Kilometer gingen wir durch diese Meseta-Etappe. Und er redete ununterbrochen und redete und redete. *Wahrscheinlich war dies an diesem Tag und in diesen Stunden am Ende mein Glück, um diese Etappe über-haupt schaffen zu können. Ich wurde dadurch auf dem ganzen Weg abgelenkt und vergaß zwischenzeitlich die Strapazen dieser scheinbar nicht enden wollenden Strecke.*

Herrliches sommerliches Herbstwetter begleitete uns die ganze Zeit. Erst kurz vor dem Ende dieser langgezogenen Meseta-Tour nahm die Turmspitze aus der Ferne zunehmend Gestalt an, um sich dann binnen kürzester Zeit größer werdend zu präsentieren. Und endlich kam der Moment, an dem uns und jedem Pilger signalisiert wurde, es wäre bald geschafft. Denn plötzlich tauchte wie aus dem Nichts der Ort auf und der Turm zeigte sein ganzes Dasein. Bei sechsunddreißig Grad im Sommer musste es unerträglich sein, diese Etappe zu gehen, ohne jegliche Bäume, die Schatten spendeten und ohne irgendeinen Ort unterwegs, dachte ich bei mir. Wir machten eine Pause in Calzadilla de la Cueza und trafen dort auf Mathilde und Kristian, die schon einige Zeit vor uns eingetroffen waren, da sie beide einfach immer schneller gehen konnten. Sie hatten beschlossen, über Nacht dort in dem Dorf zu bleiben. Manuel entschied sich ebenfalls, hier und jetzt sein Wandern für heute zu beenden. So verabschiedeten wir uns voneinander und wünschten uns noch einen „Buen Camino!" und sagten „Bis bald!".

Ich lief, zu meiner eigenen Überraschung, spontan entschieden weiter. Es musste ein Zustand der Ekstase gewesen sein, der mich weiterlaufen ließ, anders konnte ich es mir nicht erklären. Mühsam und sehr langsam zwar, aber meine beiden Füße trugen mich noch. Schließlich sollte meine Etappe mich am Ende bis nach Terradillos de los Templarios bringen. Ein Ort, der früher dem Tempelorden gehört haben soll, wie man am Namen schon erahnen konnte. Die Templer regierten hier in der Gegend und hatten es sich damals zur Aufgabe gemacht, die Wanderer auf ihrem Pilgerweg zu beschützen. Ich würde am Ende meiner Reise wissen, dass die an diesem Tag gelaufenen sechsundzwanzig Kilometer und dreihundert Meter für mich die längste Distanz gewesen sein würde, die ich an einem Tag gegangen war. Und dies, obwohl ich mir am Morgen noch geschworen hätte, dass ich an diesem Tag nicht groß würde laufen können.

Eine Herberge ohne Doppelbetten fand ich im Ankunftsdorf vor, für sieben Euro die Nacht. Ich duschte und selten zuvor hatte ich das warme Wasser als so wohltuend empfunden wie an diesem Tag. Meine Kleidung wusch ich durch, aß ein Bocadillo und trank ein heute sehr besonders erfrischendes kühles Clara. *Als ich mich mit meinem Trinkglas auf einen Stuhl setzte, kam eine mir fremde Pilgerin mit einer Schüssel auf mich zu und „nötigte" mich zu einem kalten Fußbad. Das war herzergreifend und unglaublich rührend. Der Camino muss mir das Fußbad geschickt haben, dachte ich im Stillen und freute mich dankend.* Wie gut und angenehm es sich in diesem Moment anfühlte, die geschundenen, müden Füße in das kalte, erfrischende Essig-Salz-Wasser-Gemisch zu tauchen.

Ein wenig plauderte ich mit anderen Pilgern, hielt eine halbe Stunde meine alltägliche Siesta ab und schleppte mich zum Abendmenü. Ich konnte wegen des reichhaltigen Bocadillos am späten Nachmittag nach meiner Ankunft, erstmals mein Menü nicht aufessen. Auch zum Weintrinken war ich heute zu müde und einfach nur zu erschöpft. Mühsam versuchte ich, noch wach zu bleiben und die Zeit bis zweiundzwanzig Uhr herumzubekommen, um dann in meinem üblichen Rhythmus schlafen gehen zu können. Die Herberge für sich verfügte über einen malerisch schönen, mit Blumen gesäumten Garten und einen Hof. Der Service hier war angenehm freundlich und in Ordnung. Ich teilte mir ein Zimmer mit zwei Koreanerinnen. Als ich endlich im Bett lag und den Tag gedanklich

Revue passieren ließ, fiel mir wieder Manuel aus Köln ein und sein über Stunden und so viele Kilometer andauernder Monolog. *Ich dachte bei mir, der muss mir doch vom Camino geschickt worden sein, damit ich diese lange Etappe schaffe. Anders kann es eigentlich nicht gewesen sein.*

Montag, 21.09.2009

Dreizehnte Etappe: Teradillos de los Templarios – Sahagún (15 km)

Ich schlief bewusst einmal aus, nämlich bis halb acht, was für Jakobswegverhältnisse wirklich lang und spät war. Dann nahm ich ein kleines Frühstück in der Herberge ein. Für drei Euro gab es ein trockenes Croissant und einen mäßigen Kaffee mit Dosenmilch. Die Kaffeeplörre half, das Trockenhörnchen runtergeschluckt zu bekommen. Die beiden Koreanerinnen, die mit mir in einem Raum geschlafen hatten, berichteten mir am Morgen von Bettwanzen und zeigten mir ihre Stiche an den Armen und an ihren Hälsen. Eine von beiden sagte, eine Wanze wäre nachts in ihrem Bett und in ihrem Schlafsack gewesen und hätte sie fast in den Wahnsinn getrieben. Ich begann direkt, mich zu kratzen und stellte erstmals fest, dass auch mich eines der possierlichen Tierchen in der Nacht besucht haben musste. An meinem rechten Arm fanden sich Stichspuren, die sich wie Perlen auf einer Kette in einer Linie den Arm hochzogen. Bei den anderen führten diese Spuren bis zum Hals hinauf. Bei mir endete die Stichspur abrupt wie es schien, am Oberarm. Wahrscheinlich hatte ich die Wanze im Schlaf irgendwie gehindert, weiter zuzustechen oder sie versehentlich mit meinem gewichtigen Körper erdrückt.

Es folgte für mich ein netter Plausch mit einem kernigen Rentner namens Bernd aus Kleve und dann ging ich entspannt los. Das heutige Ziel sollte die Stadt Sahagún sein. Unterwegs plauderte ich ein

Stückchen des Weges mit Pilgern aus Bonn, dann war ich wieder alleine unterwegs. Das Wetter war wohlig warm und motivierte mich zum steten Weitergehen. Unterwegs kam ich dermaßen ins Schwitzen, dass ich einen unangenehmen Fliegenschwarm regelrecht anzog. So etwas hatte ich in meinem Leben zuvor noch nicht erlebt. Die Biester flogen mir immerzu ins Gesicht und um meinen Kopf herum und es war äußerst abscheulich. Ich fuchtelte wild mit meinen Armen und Händen, schlug permanent um mich in der Hoffnung, sie zu vertreiben. Und ich kam mir vor wie ein Maultier, das mit seinem Schwanz unentwegt versuchte, Fliegen auf seinem Rücken wegzuschlagen. Von Weitem musste es für andere lustig oder gar fragwürdig ausgesehen haben, wie ich mich da so vorwärtsbewegte, während ich mich hektisch in der Luft herumschlagend abkämpfte und um mich schlagend wanderte. Zu meinem Glück war niemand weit und breit zu sehen. Gefühlt dauerte es ewig, bis der Schwarm endlich von mir abließ und mich einfach meines Weges gehen ließ.

Nach fünfzehn Kilometern kam ich heute überraschend früh an und blieb in einer neuen Pilgerherberge in Viaroris, etwas außerhalb des Stadtzentrums. Zwar gab es nur einen großen Schlafsaal, aber außen war alles sehr schön gestaltet. Die Unterkunft machte einen sauberen Eindruck und sämtliche Wände waren in bunten Farben gestrichen. Ein jeder Pilgerankömmling wurde freundlich empfangen und willkommen geheißen. Ich bekam erleichtert das untere Bett eines Hochbettes, ging duschen, wusch meine Kleidung und setzte mich dann in die wärmende Sonne, als auch schon kurz nach mir Mathilde und Kristian ankamen. Sie nahmen sich ein Doppelzimmer abseits der Pilgerherberge. Mein Nickerchen-Versuch am Nachmittag scheiterte an einer laut schnarchenden Brasilianerin. Daher verwarf ich meinen Schläfchenplan und ging mit meinem dänischen Pärchen am Nachmittag durch das Städtchen mit dem wohlklingenden Namen Sahagún.

Die Stadt wies ein paar schöne und sehenswerte Häuser aus Backstein vor. Gebaut worden waren sie im romanischen Stil und verziert mit arabischen Elementen. Wir tranken, draußen sitzend in der Sonne, Sonnenbrillen tragend, unser alltägliches und uns erfrischendes Clara in einer Bar, pickten und aßen gemeinsam ein paar Tapas aus Oliven, Jamón und Patatas Bravas und gingen uns anschließend unseren täglich wohl verdienten Nachweis in der Form eines Stempels holen. Diesen bekamen wir heute in einer Kirche in unsere Pilgerheftchen gedrückt. Auch dieses tägliche Erlebnis wurde immer wieder unterschiedlich gehandhabt. Mal holte man sich den Stempel einfach in der Herberge, in der man untergekommen war, mal in einem dafür offiziell vorgesehenen Büro, mal in einem Lokal, mal saß einfach jemand an einem Tisch, der wiederum am Straßenrand stand und drückte einem den begehrten Stempel ins Pilgerbüchlein oder wie hier, in einer Kirche.

Wir kauften uns Leckereien in einem Supermarkt zur Verpflegung am Abend. Eine weitere Gruppe Deutsche war ebenfalls in unserer Albergue untergekommen. Am Nachmittag lernten wir die kecke Hendrike aus den Niederlanden kennen, die sich unvermittelt zu uns gesellte. Sie war eine groß gewachsene, schlanke, sehr lustige und nette junge Frau mit roten, halblangen, krausen Haaren, die ebenfalls alleine unterwegs war, so wie ich. Machte sie einen Schritt mit ihren langen Beinen, musste ich zwei Schritte machen. So viel stand direkt fest. Wir kamen gemeinsam ins Plaudern und sie wusste uns ohne Zögern, gesprächig wie sie war, eine skurrile Geschichte vom Camino zu berichten. Sie erzählte uns, dass sie einige Tage zuvor auf ihrem Weg hinter einer Kurve einen nackten Mann in der Botanik neben seinem Auto gesehen hatte. Im ersten Moment schoss ihr durch den Kopf, dass er wohl pinkeln gewesen sein musste. Aber nackt? Oder hatte er vielleicht schwimmen gehen wollen, hatte sie sich weiter gefragt, aber ohne Wasser weit und breit? Es blieb also für sie die Frage offen, wieso ein splitterfasernackter Mann auf dem Jakobsweg steht. Da sie ganz alleine war, bekam sie es mit der Angst zu tun und drehte kurzerhand auf dem nicht vorhandenen Absatz um, ging zurück um die Ecke und wartete dort angespannt eine Weile. Dann hörte sie, wie der Wagen gestartet wurde. Sie beschrieb uns, wie sie zunächst erschrocken und dann erleichtert war, als sie realisierte, dass der Mann weggefahren war. Hendrike beschäftigte diese Begegnung nach wie vor sehr, sollte aber nie erfahren, warum dieser Mann nackt auf dem Wanderweg gestanden hatte. Nun, da sie uns davon erzählte, konnte sie mit uns darüber lachen, auch wenn ihre merkwürdige Begegnung jeden von uns zu denken gab. Der Jakobsweg war wohl immer für Überraschungen gut und hielt für jeden so manches bereit. Mit Hendrike hätte ich sicher bald wieder zu tun, dachte ich bei mir und freute mich schon darauf, sie wiederzusehen, wo und wann auch immer.

Nach einem tollen und besonders leckeren Pilgermenü am Abend in unserer Unterkunft gingen wir auf das Zimmer von Mathilde und Kristian und tranken noch Rotwein zusammen, aßen Chips und Oliven. Es war eine gelöste Stimmung und wir mussten uns teils die Bäuche halten vor Lachen. Jeder gab erlebte lustige Anekdoten seines Lebens zum Besten und wir hatten großen Spaß an diesem Abend. Als ich später auf dem Weg zu meinem Bett war, traf ich noch einmal auf Manuel und seine Freunde. Sie saßen bei einem Absackerweinchen vor dem Schlafsaal. Ich setzte mich für ein paar Minuten zu ihnen. Bis auf die eine Sabine, der ich vor Tagen schon irgendwo einmal unsympathisch gewesen war, und einem mir unbekannten Ben waren alle anderen freundlich zu mir.

Schlafen musste ich in dieser Nacht mit Ohrenstöpseln, da mehrere Leute laut und unregelmäßig schnarchten.

Dienstag, 22.09.2009

Vierzehnte Etappe: Sahagún – El Burgo Ranero (17 km)

Um fünf Uhr morgens hatte ich nach langer Zeit plötzlich mal wieder einen Allergieschub. Meine Füße und Hände waren angeschwollen und juckten unerträglich. Ich wachte davon auf, dass ich mich massiv kratzte. Wahrscheinlich von den künstlich überwürzten Chips vom Vorabend, so schätzte ich. Zum Glück war ich vorbereitet und hatte ein entsprechendes Medikament dabei. Ich arbeitete mich im Dunkel des Schlafsaales zu den Damentoiletten vor und nahm eine Tablette ein. Da ich außerdem meine Periode mit heftigen Unterleibsschmerzen bekommen hatte, fühlte ich mich schon beim Aufwachen lustlos und äußerst unmotiviert. Zwei Sitzungen auf den entsprechenden Örtlichkeiten musste ich abhalten und dadurch konnte ich erst um acht Uhr zum Frühstück erscheinen. Dort traf ich auf Mathilde und Kristian. Gemeinsam mit ihnen ging ich erst um acht Uhr zehn an diesem Morgen los. Wir trennten uns nach etwa einer Stunde Fußmarsch.

Es gab heute zwei Routen auf dem Jakobsweg. Da ich mich elend fühlte, folgte ich der langweiligen und mit ihrem Asphalt für meine Knie wenig lauffreundlichen Straße. Es war eine ausgesprochen öde Strecke, auf der phasenweise keinerlei menschliche Behausungen zu sehen waren. Es lief sich äußerst einsam. Immer gleich kam mir der Weg vor und es schien nur geradeaus zu gehen. Ich erinnerte mich an die Etappen der Meseta. In der Ferne konnte ich nur noch Bergketten erkennen. Ich bekam es kurzzeitig mit der Angst zu tun, ob überhaupt nochmal ein Häuschen oder ein Örtchen des

Weges auftauchen würde, denn früher sollte es hier in der Gegend Wölfe gegeben haben. Ich konnte allerdings in der flachen Landschaft nur Kleingetier, wie Insekten, beobachten.

Zwischenzeitlich tauchte Manuel aus Köln mal wieder, wie aus dem Nichts, auf und gemeinsam liefen wir ein Stück zusammen. Sofort schien die Zeit wieder etwas schneller zu vergehen, da er auch hier abermals gesprächig war, wie schon das andere Mal. Auf halber Strecke legte ich eine Pause ein, gequält von den Schmerzen der Periode. Manuel setzte seinen Weg ohne mich fort. Somit lief ich nach der Pause wieder alleine weiter. Irgendwann holte ich Manuel wieder ein. Er hatte für sich entschieden, von meinem heutigen Etappenziel aus mit seinen Freunden per Zug in die Großstadt León zu fahren. Danach sollte ich ihm nicht noch einmal im wahrsten Sinne des Wortes über den Caminoweg laufen. Als ich nach siebzehn Kilometern in der Herberge ankam, war dort Bettwanzenalarm. Für eine Spende von zwei Euro durfte man hier nächtigen. Zwei Frauen pflegten einen militärischen Umgangston mit uns Pilgern. Dies führte zu keiner schönen Atmosphäre und zu Unwohlsein unter den Wanderern. Ich traf Peter und Sylvana aus Australien wieder und auch Hendrike aus den Niederlanden verweilte bereits in dieser Herberge. Nachdem auch meine Dänen angekommen waren, wechselten wir wegen des Bettwanzenalarmes gemeinsam die Unterkunft.

Am Nachmittag legte ich mich gemeinsam mit Kristian, Mathilde und Hendrike auf Liegen in den Garten der Herberge in die Sonne. Wunderbar war dieses Gefühl der Wärme auf der Haut. Anschließend hielt ich meine tägliche Siesta ab, ging ein paar Dinge für mich einkaufen und um neunzehn Uhr war ich mit meinen Dänen in einer Bar zum allabendlichen Pilgermenü verabredet. Das Essen für zehn Euro schmeckte jedem von uns gut. Es gab gekochte grüne Bohnen mit Rindfleisch als Hauptgang und zum Nachtisch für jeden ein Stück fluffigen Schokoladenkuchen. Hendrike gesellte sich gegen zwanzig Uhr zu uns an den Tisch. Gemeinsam mit ihr stellte ich Überlegungen an, ob wir uns vielleicht in León ein Zimmer teilen sollten. Wir fassten ein paar Planungen für den folgenden Tag ins Auge und besprachen uns.

Ein weiterer schöner Tag neigte sich für mich dem Ende zu. Das Wetter war seit drei Tagen sonnig. Ich liebte es, den Duft von Thymian zu riechen und die Sonne in meinem Gesicht zu spüren und hoffte, das Wetter würde so schön bleiben. Heute hatte ich meine zweite Woche Gehen geschafft. Somit war ich jetzt bei der ungefähren Halbzeit. Ich hoffte, mein angeschlagener rechter Fuß würde irgendwie weiter durchhalten.

Mittwoch, 23.09.2009

Fünfzehnte Etappe: El Burgo Ranero – Mansilla de las Mulas (21 km)

Auch an diesem Morgen kam ich wieder erst um acht Uhr los. Es folgte ein weiterer öder Weg durch die Meseta, der drei Stunden dauerte und immer nur an der Landstraße entlangführte, zum Glück bei schönem, wohlig warmem, sonnigem Wetter. Ich konnte die heutigen einundzwanzig Kilometer nur schlecht und durchgehend nur langsam laufen. Obwohl es ja stets eben war und ich diese waagerechte Laufstrecke ja eigentlich bevorzugte, belastete mich die optische Eintönigkeit, da einfach um mich herum immer alles sehr ähnlich bis gleich aussah. Ich schmachtete nach abwechslungsreicher Landschaftskulisse. Mein Körper war immer noch müde durch die Menstruation und ich sehnte mich nach einem Tag im Bett ohne „verpflichtendes" Weiterlaufen. Zu Hause hätte ich diesen Tag – sofern ich frei gehabt hätte und nicht hätte arbeiten müssen – sicherlich in meinem Bett verbracht, einfach, um es auszuhalten und zu warten, dass er vorbeiginge.

Mathilde und Kristian und die meisten anderen Pilger waren heute lange vor mir am Etappenziel angekommen. In der städtischen Herberge war, als ich erst spät dort ankam, ebenfalls schon wieder Bettwanzenalarm. Meine dänischen Begleiter nahmen sich daher spontan privat abermals ein Zweibettzimmer. Lange überlegte ich, aber am Ende blieb ich dann doch in der städtischen Unterkunft. Sicher war ich mir selbst auch nicht mehr, ob ich die Bettwanzen selber vielleicht nicht auch inzwischen in meinem Rucksack hatte und die Tierchen gemeinsam mit mir den Camino erwanderten. Hoffentlich nicht, dachte ich bei mir. Als ich am Morgen losgelaufen war, hatte ich ein Zwicken am Rücken gehabt und musste mich mit meinen Wanderstöcken kratzen, da ich sonst nicht an die juckende Stelle kam. Bei jedem außergewöhnlichen Jucken oder Zwicken kamen mir umgehend die Bettwanzen in den Sinn. Es erinnerte mich daran, wie es war, wenn jemand mir von Kopfläusen berichtete hatte und ich mich umgehend unbewusst am Kopf kratzte. Bitte nicht, dachte ich immer wieder.

Mit der heutigen Etappe verließ ich die zähe trockene Hochebene und so führte mich der Jakobsweg in eine fruchtbare Tiefebene. Entlang des Weges gab es viele Wassergräben, die die Felder bewässerten und ich empfand es als eine Wohltat, zunehmend die Farbe Grün wiederzusehen. Am Ende der Wegstrecke überquerte ich den Rio Esla, um anschließend mein heutiges Ziel zu erreichen. Nach der Ankunft in Mansilla de las Mulas duschte ich und wusch meine Kleidung. Das Städtchen hatte mehrere Kirchen, viele Herbergen und auch Pilgerhospize zu bieten und hielt für uns Pilger sogar auch mal eine Auswahl an verschiedenen Bars und Lokalen bereit. Oft war es bisher so, dass am Ort nur eine Möglichkeit bestand, essen zu gehen oder nach dem Menü noch ein Getränk zu sich zu nehmen.

Um fünfzehn Uhr ging ich mit Mathilde und Kristian auf einen kleinen Mittagssnack und ein erfrischendes Clara in eine Bar. Wir trafen erneut auf Hendrike und tranken gemeinsam ein zweites Clara mit ihr in einer anderen Bar, um ein wenig Lokalitätenabwechslung in den Tag zu bringen. Wenn man schon mal die Möglichkeit hatte, die Bars zu wechseln, so wollten wir dies natürlich ausnutzen. Es folgte eine Siesta am Nachmittag. Die Herberge heute kostete jeden von uns vier Euro für die Nacht. Um neunzehn Uhr traf ich mich mit meinen Dänen und Hendrike zum abendlichen Pilgermenü. Obwohl uns von Pilgern zuvor für diesen Ort Bacalao de ajoarriero, also Stockfisch in Knoblauchsoße als kulinarische Besonderheit angepriesen worden war, gab es für jeden von uns Pilgern eine frittierte Forelle mit frischem Salat und einer Art Vanillesoße als Nachtisch für insgesamt neun Euro pro Person.

Nach dem Abendessen gingen wir auf ein letztes Getränk in eine weitere Bar. Hendrike und ich versuchten, im Internet ein günstiges Hostel für León zu finden. Irgendwann gaben wir jedoch auf, da die Internetverbindung immer wieder zusammenbrach und ich prüfte nur kurz, ob ich E-Mails erhalten hatte. Zudem gab es leider eine Zeitbegrenzung zur Benutzung des Internets und somit konnte ich nicht viel ausrichten. Hinter mir standen in der Zwischenzeit schon mehrere Pilger an, die ebenfalls alle ins Internet wollten. Es gab jedoch nur einen Computer. Zu dieser Zeit, als ich den Jakobsweg ging, war das Internet noch rar am Jakobsweg. Wenn überhaupt Internet verfügbar war, so war die Leitung oft schlecht. Die Handys dieser Generation, also vor gut zehn Jahren, waren längst nicht so leistungsfähig wie heutzutage.

Im Bett liegend stellte ich später für mich fest, dass ich dazu tendierte, in León ausnahmsweise eine Nacht länger, also zwei Nächte, zu bleiben und mir mit Hendrike ein Zimmer zu teilen. Zudem hatte ich das Bedürfnis, dort endlich einmal wieder in Ruhe in ein Internetcafé gehen zu können, was in einer Großstadt wie León sicher möglich sein würde. Der Hauptgrund für eine zweite Nacht am selben Ort sollte jedoch sein, dass ich unbedingt meinen rechten, sehr angeschlagenen und schmerzenden Fuß schonen musste. Ich wollte, wenn irgend möglich, nicht diese Pilgerreise abbrechen müssen und hoffte darauf, dass wenn ich einen Tag Pause in León einlegte, ich danach besser weitergehen könnte.

Donnerstag, 24.09.2009

Sechzehnte Etappe: Mansilla de las Mulas – León (6,1 km und Bus gefahren)

Zum Sonnenaufgang um sieben Uhr dreißig kam ich gut los. Inzwischen hatte ich an beiden Armen Stiche, vermutlich doch von Bettwanzen. Die selbstsichere Hostaliere meinte jedoch zu meinen Stichen, die seien von Spinnen und nicht von Bettwanzen. Ihr Wort in Gottes Ohr, dachte ich bei mir. Es folgte ein kurzer und ätzender Marsch, abermals entlang der Straße, auf gut sechs Kilometern bis nach Puente Villarente. Dort trank ich bei einer kleinen Pause alles andere als harmonisch an der Straße in einer Bar einen Milchkaffee und aß ein Croissant als Frühstück. Bocadillos gab es nicht. Vorbeibrausende Autos ließen mich nicht entspannt pausieren. Zuvor hatten Peter und Sylvana aus Australien mich im Stechschritt überholt. Als ich dort saß und verweilte, kam auch Hendrike des Weges und kurz nach ihr kamen Mathilde und Kristian. Gemeinsam gingen wir zur nächsten Bushaltestelle.

Mit der Ankunft in León würden wir in jedem Falle nun endgültig die Meseta hinter uns gebracht haben. Nachdem ich die ersten Tage bei strahlendem Sonnenschein und fünfunddreißig Grad die schöne Rioja-Gegend passiert hatte, war die Meseta-Ebene gekommen. Flach, eben, flach, eben, mal flach, mal eben. Eben flach halt. Mal ein Hügelchen und dann eben wieder flach. Eine ganze Woche lang ging das so. Die Etappen unterschieden sich landschaftlich kaum voneinander. An den ersten Tagen durch die Ebene der Meseta hatte das Wetter über den Tag immer wieder gewechselt. Wenn es regnete, so regnete es bisher meist am Vormittag und die Temperaturen waren teils bitterkalt beim Gehen, so dass ich bereits zweimal Ohrenschutz und Handschutz genutzt hatte. Mochte die Meseta auch ihren eigenen Reiz haben, ich fühlte mich sehr erleichtert mit der Gewissheit, sie nun durchquert zu haben und hinter mir lassen zu können.

Ich konnte mir inzwischen gut vorstellen, wie Leute, die alleine die Meseta durchliefen, im Sommer bei über dreißig Grad im Schatten regelrecht verzweifelten oder sogar abdrehten. Es gab nahezu keinen Baum und dadurch auch keinen Schatten und kaum Ortschaften. Und dies immer wieder, soweit die Augen sehen konnten. Zweimal musste ich diese Tristesse bei Regen ertragen, der glücklicherweise nur leichter Nieselregen war. In der Gegend um Bilbao und Barcelona sollte es zeitgleich Starkregen und massive Überschwemmungen gegeben haben. Wieder hatte ich Glück im Unglück gehabt. *Wie jedes Mal hörte der Regen bei meiner Ankunft im Etappenziel auf und ich wurde mit Sonne für meinen Marsch und mein Durchhalten belohnt.* Dadurch hatte ich bisher täglich meine Wäsche waschen und wieder trocknen können, ein Umstand von besonderer Wichtigkeit auf dem Jakobsweg.

Seit einigen Tagen schien nun wieder die Sonne bei angenehm milden fünfundzwanzig Grad und es war im Grunde eine Wonne, früh am Morgen loszugehen. Wobei ich mit meinem angeschlagenen Fuß zu dieser Zeit eher eine Camino-Schnecke war. Diesen Namen hatte ich von anderen Pilgern zwischenzeitlich erhalten, die mich täglich überholten. Ich ging stets am Morgen schon immer eine halbe Stunde eher und möglichst vor allen anderen Pilgern los. Dann, über den Tag, überholten sie mich alle im Laufe der Wanderung und ich kam als Letzte an. Das Wichtigste war natürlich, dass ich bis dato jedes Mal ankam.

Während Hendrike nun von einer Bushaltestelle aus weiterlief, ergatterte ich mit meinem dänischen Team einen kleinen Privatbus, in dem nur wir drei saßen und mit welchem wir durch das unschöne Gewerbegebiet bis zur großen Kathedrale im Zentrum Leóns gebracht wurden. So erreichten wir früh die fast zweitausend Jahre alte und sehr schöne Stadt León, die mit gut einhundertfünfzigtausend Einwohnern als Provinzhauptstadt gilt. Von dort steuerten wir direkt ein kleines Hotel an. Mein Entschluss war gefasst, zwei Nächte anstatt nur einer Nacht in León zu bleiben, um meinen rechten Fuß, der seit einigen Tagen große Schwierigkeiten machte, zu schonen. Dies bedeutete aber leider auch, dass mein liebes dänisches Pärchen Kristian und Mathilde, Weggefährten der ersten Stunde, mich nach meiner ersten Nacht in León verlassen und weiterziehen würde. Sie würden am Morgen wie an jedem Tag aufbrechen und sich auf den Weg zum nächsten Etappenziel machen, und wären dadurch dann also sozusagen weg.

Das Doppelzimmer kostete vierzig Euro pro Person. Eine Wucherausgabe im Vergleich zu sonst und preislich ein gewaltiger Unterschied gegenüber den eigentlich üblichen Preisen der Pilgerherbergen. Mathilde und Kristian gönnten sich eines der Zimmer, ich reservierte ein Zimmer für Hendrike und mich. Für die Schonung meines Fußes musste das leider sein. Wir ließen unsere Rucksäcke auf den kleinen aber sauberen und freundlich eingerichteten Zimmern und besuchten zunächst im Anschluss erst einmal die frühgotische Kathedrale von außen, mit dem Namen Catedral de León. Hier warteten wir gleichzeitig auf die lustige Holländerin Hendrike, die den Weg durch das Gewerbezentrum zu Fuß zurückgelegt hatte und des Mittags gegen halb eins in León ankam. Am Nachmittag ging ich mit Hendrike in einen Supermarkt essbaren Proviant kaufen, wir duschten auf unserem Zimmer und wuschen unsere Wäsche in einem winzigen Waschbecken mit dem Hotelduschgel. Im Anschluss nahm ich mir gemeinsam mit meiner Zimmergenossin unser gesamtes Gepäck vor, bezüglich des Bettwanzenalarmes. Wir checkten unsere kompletten Sachen, unsere Rucksäcke, unsere Kleidung und uns selbst. Alles wurde ausgepackt, auf links gedreht, gegen das Licht gehalten und kräftig ausgeschüttelt. Stiche vom Vortag an beiden Armen ließen mich zunehmend ganz bekloppt werden, wobei mir gesagt wurde, diese Stiche würden anders aussehen, als die von Bettwanzen. Am Ende fanden wir nichts und ich hoffte sooo sehr, dass ich mir diese Biester nicht eingefangen hatte. Es kursierten auf dem Jakobsweg die wildesten Gerüchte und Geschichten bezüglich der Bettwanzen und anderen Getiers. Oder vielleicht hatte ich ja einen Floh, dachte ich bei mir. Es beunruhigte mich in jedem Fall und bei jedem Gezuppel oder merkwürdigem Gefühl dachte ich mir, da krabbelt doch etwas an mir. Finden konnten wir dennoch nichts. Keine einzige Wanze kreuzte unseren Weg.

Somit hofften wir weiter, dass das Thema nun erledigt sei und gingen in die Innenstadt von León. Wir bummelten durch die Stadt, besichtigten erneut die Kathedrale, dieses Mal von innen, die, wie der Name schon hatte erahnen lassen, ein meisterhaftes Bauwerk war. Im Innern befanden sich einhundertfünfundzwanzig Fenster, durch die wunderbar das Licht einfiel. Unseren Stempel ließen wir uns noch eintragen, bevor wir beide uns wieder schlendernd durch die Stadt treiben ließen. Am Abend um neunzehn Uhr ging ich gemeinsam mit Mathilde, Kristian, Hendrike und anderen Pilgern essen. Es machte Spaß, gesellig zusammenzusitzen und zum Essen mit allen ein Gläschen Wein zu trinken. Ein weiteres Mal gingen wir noch einmal zu der, am Abend von außen wunderschön angestrahlten, Kathedrale von León und machten Fotos, dann musste ich mich nach zwei Wochen von meinem netten, herzlichen älteren dänischen Wandergefährten-Pärchen verabschieden.

Alle anderen gingen schlafen. Hendrike trank mit mir noch ein zweites Glas Rotwein am Platz vor der Kathedrale. Auf unserem Zimmer quatschten wir noch, bis wir die Augen nicht mehr offenhalten konnten. Wir ließen uns in unsere wundervollen Betten fallen. Wie herrlich es sich anfühlte, mal nicht in einem Hochbett liegen zu müssen, ohne durchgelegene Matratzen und die Räumlichkeit um einen herum nicht mit Schnarchern, Bettwanzen, Pupsern, rücksichtslos raschelnden Rucksackkramern und gnadenlosen Taschenlampenblendern teilen zu müssen. Durch diese luxuriösen Umstände fielen wir beide in dieser Nacht in einen tiefen und erholsamen Schlaf. Von León aus waren es nun noch 323,2 Kilometer bis Santiago de Compostela. Ich war inzwischen ganze vier Tage vor meiner eigentlichen Etappenplanung. Verrückt!

Freitag, 25.09.2009

Ein Tag PAUSE in León!

Hendrike und ich schliefen richtig lange aus, während Mathilde und Kristian früh morgens natürlich aufgebrochen und weitergelaufen waren. Es war für mich ein komisches Gefühl. Wir waren uns in der Zwischenzeit sehr vertraut geworden und hatten uns in den letzten vierzehn Tagen zweimal ein Dreibettzimmer gegönnt und geteilt und über die Zeit zunehmend auf uns Acht gegeben. Ein Picknick als Frühstück genoss ich mit Hendrike in einem Park, auf einer Bank in der Sonne sitzend. Die Augen immer wieder geschlossen und unsere Gesichter den wohltuenden Strahlen entgegenhaltend. Unsere Ausbeute aus dem Supermarkt vom Vortag bestand aus süßlich schmeckenden Tomaten, mildem, magerem Serrano-Schinken, spanischem Käse und relativ frischem Brot. Einfach und schön und lecker.

Danach gingen wir gemeinsam wieder in unser Hotel und untersuchten ein zweites Mal meine Sachen nach Bettwanzen. Wir konnten auch dieses Mal nichts finden. Ich hatte das Gefühl, bald wahnsinnig zu werden wegen der Bettwanzen und der Unsicherheit, ob ich sie mitschleppte. An den Armen hatte ich inzwischen viele Stiche und auch am Rücken fanden sich welche. Wobei Stiche am Rücken von Bettwanzen angeblich eher ungewöhnlich wären. In der Regel hinterließen sie wohl eine Stichspur am Arm, bis hinauf zum Hals.

Des Nachmittags bummelten wir einfach nur faul herum und ließen uns durch die wunderschöne Altstadt treiben. Es gab unendlich viele Cafés und Restaurants, in denen man draußen sitzen konnte und das Ganze hielt eine entspannte, mediterrane Atmosphäre bereit. An einem Straßenschmuckstand kaufte ich mir einen Silberring, schließlich gönnte ich mir am Camino sonst eher nichts, was irgendein überflüssiges Gewicht gehabt hätte. Bei diesem Schmuckstück war es etwas Anderes und ich wusste, dies würde ich schaffen zu tragen, diese Zusatzlast von zwanzig Gramm am Körper. Wir lachten herzlich darüber und amüsierten uns. Ich kaufte mir den Ring und fühlte mich großartig, für einen Moment verschwenderisch zu sein. Der Camino ließ einen jeden Tag mehr realisieren, wie wenig man eigentlich im Leben an materiellen Dingen brauchte. Der Kauf dieses Ringes hielt mir einmal mehr vor Augen, dass er nicht notwendig war, sondern einfach nur ein im Grunde luxuriöses Geschenk an mich selbst.

Meine Siesta hielt ich am Nachmittag ab, auch ohne heute gewandert zu sein und sie mir laufend erarbeitet und verdient zu haben. Es war das reinste Gönnen, dieser Tag. In Ruhe und mit Muße besuchte ich am späten Nachmittag endlich mal wieder ein Internetcafé und schrieb eine weitere dritte E-Mail an meine mir liebsten Menschen. Am Abend aß ich mit Hendrike auf unserem Bett im Hotelzimmer, wie auch schon am Morgen, im Picknickstil zu Abend. Im wahrsten Sinne von der Hand in den Mund, was fast ebenso köstlich war wie ein Pilgermenü. Nur ein Taschenmesser, was jede von uns bei sich hatte auf der Wanderung, konnten wir nutzen, um die Lebensmittel zu teilen. Wir probierten nichts von den hiesigen, für León typischen kulinarischen Köstlichkeiten, wie zum Beispiel Cesina (luftgetrocknetes Rind- oder Ziegenfleisch), Trucha (Forelle), Carzo (Reh), denn wir hatten nicht die Muße, uns den Bauch mit Delikatessen vollzuschlagen.

Eine liebe SMS erreichte mich von Mathilde und Kristian. Das tat unbeschreiblich gut. Sie waren schon weit gelaufen am heutigen Tag. Inzwischen kannte ich viele Gesichter der verschiedensten Pilger und hatte mit den meisten zumindest einmal kurz gesprochen. Dennoch kam es natürlich auch immer wieder vor, dass da plötzlich aus dem Nichts ein neues Gesicht an einem vorbeilief. You never know. Es war, als wäre hier in León nun nur noch ein harter Kern übrig von dem Trüppchen, welches mich über die Zeit unbewusst stetig begleitet hatte, der sich weiter auf den Weg nach Santiago de Compostela gemacht hatte. Merkwürdigerweise traf ich viele auch alle paar Tage dann mal wieder auf dem Weg. Ich hoffte, dass ich meine Dänen noch einmal wiedertreffen würde, und zwar spätestens in Santiago de Compostela, sollte mein Fuß durchhalten und ich das Ziel erreichen. Natürlich waren inzwischen auch viele Pilger der letzten Wochen, teils im wahrsten Wortsinn, auf der Strecke geblieben. Entweder war ihr Urlaub zu Ende oder sie hatten für sich eine Teilstrecke beendet oder sie mussten abbrechen, wegen Knieproblemen oder Ähnlichem. Ich dachte mir, hier in León würden sich wieder viele neue Pilger auf den Weg machen, die hier ihren Camino starteten und begannen. Somit würde ich ab morgen in den Herbergen wieder neue fremde Gesichter sehen.

Abends ging ich mit Hendrike noch auf ein Glas Vino tinto in das Tapas-Viertel „Barrio húmedo", das sogenannte „feuchte Viertel", das seinen Namen den vielen Bars zu verdanken hatte. Dies lag rund um den Platz, die Plaza Mayor, der von einer barocken Fassade des Rathauses geschmückt wurde. Heute hatte das Wochenende begonnen und man spürte, wie hier das Nachtleben pulsierte. Zufrieden schlief ich später ein, mit dem Wissen, dass es morgen weiterginge, nach diesem wohltuenden Tag der Pause in León und der leisen Hoffnung, dass die bevorstehenden Etappen nach der gemeisterten Meseta-Ebene nun wieder spannender würden. Mit dem Gedanken, nun ohne Mathilde und Kristian an meiner Seite zu sein, realisierte ich vor dem Einschlafen, dass sie nun wirklich weg waren.

Samstag, 26.09.2009

Siebzehnte Etappe: León – Villar de Mazarife (14 km)

Wir schliefen in unserem luxuriösen Gemach, dem beengten Hotelzimmer in León, bis sieben Uhr und machten uns um acht Uhr auf den Weiterweg. Ich nahm alleine um acht Uhr dreißig den Bus bis La Virgin del Camino, wo das Stadtgebiet von León endete. Hierzu hatte mein dänisches Pärchen mir im Vorfeld geraten, da auch der Weg raus aus der Stadt nicht sehr kniefreundlich sein würde. Und nachdem meine Gliedmaßen sich nach einem Tag der Pause ein wenig hatten erholen können, wollte ich ihnen das Laufen über Asphalt möglichst nicht sofort wieder zumuten.

In Virgin del Camino aß ich eine Frühstückskleinigkeit zur Stärkung und ging schließlich richtig los. Ich wählte von den heutigen zwei Wegmöglichkeiten die schönere Strecke aus. Diese angenehmere Strecke sollte mich durch Felder und auf ländlichen Straßen zum Etappenziel nach Villar de Mazarife führen. Die andere Route hätte entlang der Nationalstraße geführt und auch wieder viel harten Asphalt für meine geschundenen Knie und Füße bedeutet. Dies wollte ich meinem Körper ersparen. Hendrike hatte sich im Vorfeld entschieden, zum einen nicht den Bus durch das restliche Stadtgebiet zu nehmen und zum anderen erst ein wenig später loszugehen. Eine nächste Pause legte ich ein in Chozas de Abajo.

Als ich nach vierzehn Kilometern in der Albergue Tío Pepe in Villar de Mazarife ankam, bekam ich ein Zimmer mit zwei Betten für Hendrike und mich und bezahlte es direkt, damit es sicher unser war. Wir bekamen ein Zweibettzimmer im ersten Stock, mit Blick auf die durch das Dorf führende Straße, für sechs Euro die Nacht und pro Person. Im Erdgeschoss befand sich eine Bar. Fantastisch, fanden wir zunächst. Hendrike kam am Ende nur zehn Minuten nach mir an. Wir aßen etwas und hielten eine sehr erholsame halbstündige Siesta. Ich fand in der Herberge einen auf Deutsch geschriebenen schwedischen Krimi als Taschenbuch und freute mich diebisch darüber. Großartig, dachte ich bei mir, ein Buch auf Deutsch und dann auch noch ein Krimi nach meinem Geschmack. Endlich könnte ich mal wieder lesen. Geduscht, Wäsche gewaschen und mit Hendrike für einen kleinen Spaziergang durch das Dorf geschlendert, um ein wenig die nahe Umgebung zu entdecken. Mathilde und Kristian melden sich regelmäßig per SMS und ließen mich wissen, wo sie waren und wie es ihnen ging. Zurück auf unserem Zimmer, stand am Nachmittag plötzlich eine riesige Schafherde unter unserem Zimmerfenster. Das war äußerst lustig und ungewohnt laut. Sie blökten wild durcheinander und bimmelten mit ihren schönen Glocken, die sie an ihren Hälsen hängen hatten.

Auf der heutigen Etappe gab es nach der kargen Vegetation der Meseta endlich wieder etwas grüne Natur um uns herum. Wir sahen nach Langem wieder Bäume und erfreuten uns daran wie Kinder an einem Eis. Schnell huschten wir noch durch zwei kleine Supermärkte und besahen uns die hiesige Kirche. Abends gingen wir zum mäßig schmeckenden Pilgermenü. Ich vermisste schon jetzt die Gesellschaft meiner Dänen, dabei waren sie ja erst zwei Tage fort. Es fanden sich außer Hendrike keine interessanten Leute hier für mich. Ich hoffte, es würde bald wieder anders und vielleicht auch besser als heute. An meinen Armen, Füßen und an meinem Rücken hatte ich weiterhin viele Stiche. Leider gab es in diesem kleinen Örtchen aber keine Apotheke. Nachdem mein rechter Fuß sich in León hatte erholen können, hatte nun, einen Tag nach der Pause in León, der linke Fuß angefangen zu schmerzen. Aber jeden Tag musste es weitergehen.

Sonntag, 27.09.2009

Achtzehnte Etappe: Villar de Mazarife – Santibáñez de Valdeiglesias

(20 km)

Die Nacht war für mich beschissen gewesen, denn ich hatte keine einzige Stunde Schlaf gefunden. Meine Stiche hatten heftig gejuckt. Das Fenster hatte offenstehen müssen für Hendrike, damit sie Frischluft zum Schlafen bekam und somit war es für mich sehr kalt. Da konnte mir mein ultraleichter Schlafsack aus Burgos auch nicht genügend Wärme spenden. Ich fror so sehr, dass ich mir im Laufe der Nacht meine Jacke und mein Handtuch zusätzlich überlegte, was leider auch nicht viel gegen die Nachtkälte half. Außerdem drang mich störendes Licht durch ein gläsernes Oberlicht in der Zimmertür. Ein Notausgangschild leuchtete, innen über unserer Tür, unangenehm grell in grünen Lettern und draußen war es auch noch sehr laut. Es war Samstagabend, der Lärm aus der Bar und von der Straße dröhnte in unser Zimmer bis in die frühen Morgenstunden, kurz bevor die Sonne den Tag erhellten sollte. Vorbeifahrende hupende Autos und Jugendliche auf ihren Mopeds fuhren die Straße unter unserem Fenster auf und ab, lachten grell, schrien und versuchten sich gegenseitig in ihrer Männlichkeit zu übertrumpfen. Es war ein Graus und keine gute Basis für eine erholsame Pilgernachtruhe. Hendrike war zudem erkältet, was ein Übriges an Geräuschen dazutat. Sie hustete, schnaufte und röchelte unentwegt, musste sich immer wieder die Nase putzen und niesen und kam natürlich nicht zur Ruhe, wie auch ich dadurch bedingt keinen Schlaf fand. Um vier Uhr morgens, also wirklich inmitten der Nacht, kam sie plötzlich auf die Idee, sich eine Orange zu schälen. Der Geruch der Orange erreichte mich und drang durch das Dunkel angenehm bis zu mir im Bett in meine Nase. Dennoch konnte ich es nicht glauben und war vollkommen genervt von der Situation in diesem Zimmer, in diesem Ort und von ihr. In diesem Moment wünschte ich mir wirklich das erste Mal ein eigenes Zimmer, in dem ich hätte ungestört sein und schlafen können. Kein weiteres Mal auf dem Jakobsweg würde ich so eine durchgehend schlimme grauselige Nacht erleben müssen.

Nach dieser lauten, ungemütlichen und kalten Nacht stand ich morgens vollkommen gerädert und neben mir stehend auf. Ein kleines Frühstück, bestehend aus einer Tasse Tee und einer Art Milchbrötchen, nahmen wir in der Herberge ein. Bei der Planung der heutigen bevorstehenden Etappe fand ich unerwartet in meinem Reisebüchlein einen toten, plattgepressten Floh und fragte mich augenblicklich, ob er vielleicht der Übeltäter gewesen war, der mich die letzten Tage derart geärgert und zerstochen hatte. Es würde sein Geheimnis bleiben, welches er mit sich in den Tod genommen hatte und ich würde es nicht erfahren.

Etwa eine Viertelstunde vor acht Uhr schlichen wir langsam aus der Unterkunft los. Missmutig, verpennt und knatschig traten wir beide am frühen Morgen unsere heutige Wanderung auf dem Camino an. Auf dem Weg, der zunächst noch durch das Dorf und danach aus ihm herausführte, gingen unsere Blicke schläfrig versunken an einer Häuserfront entlang. Als wir uns, noch dösig verschlafen und zerknautscht aus der Wanderklamotte guckend, langsam dem Ortsausgang annäherten, trauten wir zu dieser frühen Stunde zunächst beide unseren Augen nicht. In einer Häuserzeile in einem Hauseingang, in einer geöffneten Haustür, stand ein komplett nackter Mann. Als wäre diese Tatsache morgens um acht Uhr aber nicht genug, hatte dieser Mensch sich auch noch ein Papprohr von etwa einem Meter Länge über seinen erigierten Penis gestülpt. Wir schauten uns perplex an. Er blickte uns, im Türrahmen stehend, zunächst neugierig direkt in unsere verdutzten Gesichter und dann uns nach. Unser erster Gedanke war: Das konnte nicht sein, was wir da sahen. Hendrike und ich guckten uns beide verwirrt an und mussten, ob dieser skurrilen Situation, noch ein zweites Mal zu dem Hauseingang spähen, da wir einfach nicht glauben und fassen konnten, was wir da in diesem Moment beide sahen. Wir wussten nicht, sollten wir in diesem Moment lachen, weglaufen oder vielleicht gar ein Foto machen? Der Typ glotzte wie ein liebenswerter Psycho. Er hob seine Hände und winkte uns zu. Nachdem wir sicher waren, dass wir uns nicht verguckt und getäuscht hatten und unsere ersten Irritationen diesbezüglich überwunden hatten, beschleunigten wir unsere Schritte und waren beide froh darüber, in diesem Moment nicht alleine gewesen zu sein. Der nackte Mann bewegte sich zu unserer Erleichterung nicht aus seinem Hauseingang weg und wir sahen schnellen Schrittes zu, diesen Ort hinter uns zu lassen, um zügig auf dem Jakobsweg unsere heutige Etappe zu beginnen. Wobei ich sagen muss, dass wir nach dieser Überraschung zu Tagesbeginn tatsächlich umgehend etwas wacher geworden waren.

Hendrike ging für ihre Verhältnisse langsam mit ihren langen Beinen los und machte automatisiert ihre großen Schritte. Mit Mühe versuchte ich mit ihr schrittzuhalten, musste mich anstrengen, neben ihr in ihrem Tempo zu laufen. Schnell wurde sowohl ihr als auch mir klar, dass wir so gemeinsam nicht ewig zusammen miteinander würden laufen können, aber noch sprachen wir nicht darüber. Als wir endlich außerhalb von Villar de Mazarife waren, lachten wir erschreckt und waren einerseits für den Rest des Tages belustigt über das Erlebte, anderer-seits aber über die Zeit noch immer leicht geschockt von unserer unfreiwilligen Begegnung am Morgen. Wir legten heute kurze Pausen ein in den Orten Villavante und in Hospital de Órbigo. Beide Wegstrecken vom Vortag trafen sich an der Brücke, der Puente de Órbigo, die mit zwanzig Bögen als die längste Bogenbrücke auf dem Jakobsweg gilt, wieder. In den ersten zwei Stunden gelang es mir mit viel Mühe, mit Hendrike Schritt zu halten, dann gab ich irgendwann auf. Sie ging dann vor, um nicht von mir gebremst zu werden. In ihrem zügigen Schritttempo und konnte ich nur noch von hinten ihre schlanken Beine mit den muskulösen Waden durch den Staub wegmarschieren sehen.

Am Ende trafen wir uns in Santibáñez de Valdeiglesias wieder. Ein verrückter alter Mann in einer Bar haute uns übermütig leicht mit seinen Wanderstöcken auf unsere Pos. Unglaublich, dachte ich erneut bei mir, wie frech doch manch Alter war. Sehr merkwürdig verhielten sich manche Menschen auf diesem Pilgerweg. Das war wohl die Erkenntnis dieses Tages, lachte ich in mich hinein. Wir entschieden uns, nach zwanzig Kilometern in der besonders persönlich geführten Herberge bei Freddy aus Tirol zu bleiben, einem ehemaligen Seefahrer. Dieser war ein herzensgutes Unikat, einmalig in seiner gastgeberischen Art. Hier wurden wir mit Liebe bekocht und bekamen abends das beste Essen des bisherigen Jakobsweges zu speisen. Köstlich!

Montag, 28.09.2009

Neunzehnte Etappe: Santibáñez de Valdeiglesias – Astorga (18 km)

Des Morgens nahm ich eine Art Frühstück mit Hendrike in einer Bar ein. Dann starteten wir unsere heutige Etappe. Sie preschte direkt los, lief vor und war bald schon aus meinem Sichtfeld verschwunden. In einem Comic hätte man wohl nur noch ein Staubwölkchen gesehen. Der Weg führte mich heute durch eine grüne Landschaft und zum Ende der Strecke auf einen Hügel, von dem aus ich einen hübschen ersten Blick auf das Städtchen Astorga werfen konnte. Ich kam erschöpft nach achtzehn Kilometern gegen viertel vor eins am Mittag in der größeren Albergue San Javier in Astorga an. Hendrike war bereits längst dort. Es gab ein angenehm bequemes Bett für mich. Hendrike war nicht gut drauf und die Stimmung zwischen ihr und mir war gereizt. Im Anschluss an die Ankunft, nachdem ich mein Bett bezogen hatte, gab es für meinen knurrenden Magen in der Nähe der Herberge in einem Café eine herzhafte, lauwarme Tortilla, ein erfrischendes Clara und ein Bocadillo mit Thunfisch dazu. Nach dem Duschen brachte ich zunächst das Waschen meiner Kleidung hinter mich, las ein wenig in meinem neuen Krimibuch weiter. Darüber nickte ich ein und somit hielt ich ungeplant schließlich doch wieder mein alltägliches Nickerchen ab.

Als ich aufwachte, sondierte ich zunächst die vielen eng um mich herumstehenden Betten und ihre dazugehörigen Pilger. Im Bett nebenan, lag, Cathrina aus Ostdeutschland, die derzeit in Berlin lebte und ebenfalls alleine auf dem Jakobsweg unterwegs war. Unsere Blicke trafen sich und wir waren uns sofort beiderseits sympathisch, grinsten uns offen an und kamen umgehend in ein kleines Gespräch.

Am späteren Nachmittag suchte ich wegen meiner Stiche eine Apotheke auf und kaufte mir dort eine Salbe in der Hoffnung, dass diese mir zeitnah Linderung verschaffen würde. In einer Art Pralinenladen ergatterte ich anschließend echte Schokolade aus Astorga, der Stadt der Schokolade. Eigentlich hatte ich hier das hiesige Schokoladenmuseum und das Caminomuseum besuchen wollen. Beide waren aber leider heute geschlossen. Im Pralinenladen erfuhr ich dann, dass Astorga sich in der Vergangenheit zur sogenannten Schokoladenstadt gemausert hatte, da es vor etwa zweihundert Jahren sämtlichen Kakao der Kolonien aus Übersee von den galicischen Häfen erhielt. Daraufhin entwickelte sich die Stadt Astorga zum Herzstück der spanischen Schokoladenindustrie. Da die Böden der Umgebung nicht besonders fruchtbar waren, war die Schokoladenverarbeitung eine willkommene Alternative. Besonders gerühmt wurden in Astorga die sogenannten Angélicas, Schokoladentafeln mit ganzen Mandeln. Davon musste ich mir selbstverständlich direkt eine Tafel kaufen und gönnen. Schokolade, was für ein Genuss! So köstlich und für mich einfach dunkles Seelengold. Einen Riegel Schokolade essend schlenderte ich bald durch die Stadt, betrachtete statt der Museen den sehenswerten Bischofspalast von Gaudí und machte für mich einige Fotos zur Erinnerung davon.

Zurück in der Herberge organisierte ich mir dort eine Schüssel und bereitete mir heute mal selbst ein Fußbad mit Salz und Essig. Meine Füße entspannten sich und genossen das Bad. Zum Abend hin traf ich mich mit Hendrike und wir gingen, gemeinsam mit zwei weiteren Holländerinnen, die sie im Laufe des Tages kennen gelernt hatte, zum Pilgermenü in das sogenannte Gaudí-Hotel, ein auf seine Art besonderes Hotel. Es gab in dem hier angebotenen Menü für Pilger einen frischen Salat als Vorspeise, ein Lachsfilet zum Hauptgang und ein Schälchen Milchreis als Dessert. Wir aßen lecker in schicker, adretter Atmosphäre, die so gar nicht unserem aktuellen Kleidungsstil entsprach. Und obwohl wir uns reichlich underdressed fühlten, hofften wir und waren zuversichtlich, dass die Angestellten des Restaurants, geübt durch den täglichen Umgang mit Pilgern, uns unsere stark beanspruchten Wanderklamotten nicht übelnahmen. Anschließend landete ich mit Hendrike noch in einer Bar auf ein Getränk zum Abschluss des hinter uns liegenden Tages. Gegen zweiundzwanzig Uhr dreißig, nachdem wir uns neutral voneinander verabschiedet hatten und uns gegenseitig eine gute Nacht gewünscht hatten, ging jede von uns zu ihrem Bettgemach. Es entwickelte sich für mich noch ein leises, angeregtes, tuschelndes Gespräch mit meiner Bettnachbarin Cathrina aus Berlin, die mir von Minute zu Minute sympathischer wurde.

In meinem Bett liegend dachte ich bald, dass es an der Zeit war, Hendrike am kommenden Tage ziehen zu lassen. Sie musste einfach, wie es schien, ihr schnelles Tempo gehen können, sonst bremste ich sie schlicht aus. Obwohl ich davon überzeugt war, dass ihr diese Hetze, die sie durch ihre Unrast bei jedem Schritt an den Tag legte, nicht guttat. Und ich musste für mich einfach langsamer gehen können. Dass wir uns nicht behinderten, war besser für sie und auch für mich. Dennoch sorgte ich mich darum, ob es auf Dauer gut für sie sei, so über den Camino zu rennen. Ich fühlte mich bei jedem Schritt, den sie neben mir ging, unter Druck gesetzt. Das tat mir nicht gut, zumal, was völlig verrückt war, nun, nachdem mein rechter Fuß sich in León erholt hatte, mein linker Fuß angeschlagen war und ich erneut jeden Schritt vorsichtig setzen musste. Jede von uns musste schließlich am Ende immer ihr eigenes Tempo gehen können. Dies war meine Erkenntnis des Tages. Nach diesem im Bett gefassten Entschluss kam ich zur Ruhe und schlief zufrieden mit meiner getroffenen Entscheidung ein.

Dienstag, 29.09.2009

Zwanzigste Etappe: Astorga – Rabanal del Camino (22 km)

Am Morgen waren Hendrike und ich uns nach einem kurzen Gespräch sofort einig, dass es für uns beide besser wäre, wieder getrennt zu gehen. Ich verabschiedete mich erleichtert von ihr und wünschte ihr aus vollem Herzen „Buen Camino!", einen guten Weg. Und wer wusste schon, vielleicht würden wir uns ja noch einmal irgendwann wiedersehen, dachte ich. Ich frühstückte in einem nahegelegenen Café mit zwei deutschen Frauen aus meiner Herberge, bevor ich gemeinsam mit Cathrina aus Berlin, erst spät und heute sehr langsam, loslief. Das gemeinsame Lauftempo mit Cathrina passte zu diesem Zeitpunkt sehr gut zu mir. In jedem Ort am Weg musste ich heute eine Pause einlegen. Ein schöner, wenn auch für mich anstrengender Marsch war es. Hinter der Stadt Astorga wanderten wir durch eine sanft hügelige Landschaft und durchliefen kräftige Eichenwälder.

Nach mühsam erwanderten zweiundzwanzig Kilometern hatte ich nach der Ankunft auf der Zieletappe in Rabanal del Camino wieder einmal bei mir gedacht, meine Füße würden mir abfallen. Aber irgendwie war es mir erneut gelungen, mich in den Ort zu schleppen, gemeinsam mit der charismatischen Cathrina, die eine wohltuende Weggefährtin für mich war, auch wenn sie ein paar Jahre jünger war als ich. Überhaupt hatte sie sich zunehmend als kess, lustig und interessant entpuppt. Diese klein gewachsene, sehr hübsche, junge, ausdrucksstarke, selbstbewusste Frau, die beruflich schrieb, von einem eigenen Café träumte, vieles hinterfragte und mich einfach mitzog mit ihrer Motivation und ihrem Enthusiasmus. Ihre grünen Au-gen strahlten positiv von innen heraus und ihre braunen halblangen Haare hatte sie gekonnt mit einem bunten Band umwunden. Sie als Wegbegleitung war mir im Grunde als ein weiteres schönes Geschenk gegeben worden, das sicher wieder der Camino zu verantworten hatte. Ich lächelte still in mich hinein bei diesen Gedanken.

Die von uns erreichte Herberge entpuppte sich heute als ein sehenswertes, hübsches altes Kloster. Dort angekommen erhielt ich ein weiteres Mal dankenswerterweise eines der unteren Betten. Sehr herzlich wurden wir von den aktiven Herbergsbetreuerinnen empfangen. Dieser Ort, so erfuhren wir später von den derzeit hier lebenden Herbergsdamen, besaß früher eine Menge Kirchen und

Herbergen und galt als eine Art Pilgerstation zum Ausruhen vor den bevorstehenden anstrengenden Strecken. Als nächstes würde nämlich die Überquerung der Montes de León anstehen, auf der früher überall auflauernde Diebe den Pilgern das Wandern erschwert hätten und es auch viele Wölfe gegeben haben soll.

Des Nachmittags wurden uns frisch aufgebrühter, wohltuender Kräutertee und köstliche, mit Zucker bestäubte Kekse gereicht. *Mir wurde unaufgefordert ein Fußbad bereitet. Einfach so kam eine der Frauen auf mich zu mit einer Schüssel voll Wasser, kippte Salz und Essig hinein und gab mir warmherzig zu verstehen, ich solle meine erschöpften Füße hineinstellen und sie darin baden.* Das hatte doch bestimmt der alte Camino für mich wieder arrangiert, dachte ich erneut im Stillen und freute mich diebisch darüber. Es war ein unvergleichliches Wohlgefühl, hier an diesem bezaubernden Ort verweilen zu dürfen und derart freundlich bewirtet zu werden. Ich fühlte mich behütet und war trotz meiner müden Füße sehr glücklich in diesen Stunden. Mit Cathrina ging ich etwas später ein paar Lebensmittel einkaufen. Selbstverständlich erst, nachdem wir geduscht waren und unsere durchgeschwitzten Wanderklamotten durchgewaschen hatten.

In dem idyllischen Kloster gab es eine Gemeinschaftsküche, in der wir kochen durften. Ich kochte uns Spaghetti und sämtliche übrige Pilger hatten uns ein wenig neidisch, aber liebevoll bei unserem Mahl zugeschaut. Zusammen tranken wir ein kleines Gläschen Rotwein zum Essen und unterhielten uns ein wenig mit einem älteren Mann namens Paul aus Hamburg. Dies war ein schöner Ausklang für den heutigen Tag. Unsere Betten standen in einem feuchtkalten steinernen Gewölberaum. Die massiven Mauern des Raumes waren sehr dick und von innen mit Wasser benetzt. Das kühle Nass tropfte und rann an vielen Stellen an den Steinen herunter wie an einer regennassen Felswand und hinterließ teils grüne

Algenschlieren in den Fugen. In dieser Nacht fror ich dadurch leider wieder sehr und fand somit kaum erholsamen Schlaf, obwohl ich sehr glücklich war über den erlebten Tag und die Gesellschaft von Cathrina.

Mittwoch, 30.09.2009

Einundzwanzigste Etappe: Rabanal del Camino – El Acebo (16 km)

Ein Frühstück erhielten wir heute in dieser wunderschönen, einzigartigen und besonderen Klosterherberge. Es regnete, was aber unserer Stimmung zum Glück zunächst keinen Abbruch tat. Der heutige Weg begann mit einem Aufstieg auf den Montes de León und führte uns durch felsige Landschaft und manch verlassenes Dörfchen mit verfallenen Steinhäusern hoch auf 1.531 Meter und zum berühmten Cruz de Ferro, dem Eisenkreuz. Bei dieser sehr besonderen Stelle des Jakobsweges handelte es sich um ein kleines Eisenkreuz, das auf einem etwa fünf Meter hohen Stamm eines Baumes befestigt war, welcher inmitten aus einem beeindruckend großen Haufen aus aufeinandergetürmten Steinen ragte. Das originale Eisenkreuz befinde sich in einem Museum im Städtchen Astorga, hieß es. Hier, an dieser Stelle des Pilgerweges, sollte jeder Pilger einen mitgebrachten Stein auf dem vorgefundenen Steinhaufen ablegen und sich etwas wünschen oder für etwas beten. Die Meinungen gingen auseinander, ob der Stein ein Mitbringsel von zu Hause sein müsste oder einfach auf dem Weg gefunden worden sein könnte. Das Ritual des Ablegens war für Pilger mit ganz unterschiedlichen Beweggründen verbunden. Die einen sahen in dem Stein eine Art seelische Last, die sie bis hierher mit sich getragen hatten und nun hier ablegen sollten und wollten. Andere legten einen Stein ab und verewigten auf selbigem einen Wunsch, eine Bitte, ein Gebet oder eine Nachricht.

Aus dem Rother Wanderführer zitiert:

Das Gebet des Cruz de Ferro lautet: *„Herr, möge dieser Stein, Symbol für mein Bemühen auf meiner Pilgerschaft, den ich zu Füßen des Kreuzes des Erlöses niederlege, der einst, wenn über die Taten meines Lebens gerichtet wird, die Waagschale zugunsten meiner guten Taten senken. Möge es so sein."*

(Spanischer Jakobsweg, Rother Wanderführer, Bergverlag Rother GmbH, München, 2008)

Für mich selbst gewann ich den Eindruck, dass jeder für sich selbst entscheiden musste, ob und oder wie er oder sie diesen Ritus ausführen mochte. Ich hatte von keinem Pilger gehört, der diesen traditionellen Kult nicht für sich in irgendeiner Form durchgeführt hätte, egal wie. Der Weg bis zum Kreuz gestaltete sich, trotz dicker Regenfäden, gut gelaunt und lauftechnisch angenehm erträglich. Während wir beide als Zeremoniell jeweils unseren mitgebrachten Stein auf die bereits abertausenden aufgeschichteten Steine legten, die unendlich viele Pilger vor uns auf diesen Haufen aus unterschiedlichsten Steinen abgelegt hatten, *hielten wir bedächtig und respektvoll inne, als es just in diesem Moment tatsächlich zu regnen aufhörte und die Sonne, ganz sicher nur für uns beide, durch die graue Wolkendecke blinzelte.* Anschließend wurden wir neben den durchdringenden Sonnenstrahlen auch noch belohnt mit einem weiten, umwerfenden Blick auf die umliegenden Berge und bis hinunter ins Tal. Satte grüne Landschaften durchquerten wir und waren von purer Natur umgeben. Eine tote Babyschlange lag unterwegs am Wegesrand zu unseren Füßen und wir lernten unerwartet unterwegs die schwedische Pilgerin Holly aus Bergkamen kennen, die uns spontan ein paar reife Bananen schenkte.

Cruz de Ferro

Am Nachmittag entdeckten wir noch einen summenden Bienenstock am Wegesrand, als das Wetter leider langsam schlechter
wurde. Über die Stunden wurde der Regen zunehmend immer stärker und auch unangenehmer. Zu Beginn hoffte ich intuitiv noch,
dass ich nicht ganz durchnässt würde und meine Kleidung unter
dem Regenponcho trocken bliebe. Stunde um Stunde ging es durch
den strömenden Regen einen serpentinengleichen Weg entlang der
Straße, die sich scheinbar nicht enden wollend durch die Berge
schlängelte. Irgendwann lief ich nur noch stumpf durch das nasse
Grau und spürte nicht mehr, wie mir Bluse, Hose und sämtliche
Wäsche am Leib klebten und meine Schuhe mit jedem Schritt
schmatzende Geräusche von sich gaben oder sich meine Socken
mehr und mehr tränkten, wenn ich wieder in irgendeine Pfütze ge-
treten war. Nach all den Stunden hielten unsere Regenponchos das
viele Regenwasser schon lange nicht mehr ab. Endlos schien diese
Etappe sich durch die bergige Landschaft zu ziehen. Etliche neue

Kurven sollten es werden. Immer, wenn wir die nächste Biegung erreicht hatten und hofften, dahinter nun endlich das Ziel ausmachen zu können, tauchte eine weitere Kurve auf. Um uns herum, soweit das Auge reichte, nur regengetränkte Luft und nasse Höhen.

Unsere Gemütslage schlug zunehmend in Verzweiflung und Ungeduld um. Vollkommen durchnässt ließ bei mir das Gefühl irgendwann nach, die am Körper klebende Kleidung als extrem unangenehm wahrzunehmen. Natürlich hatte es absolut gar nichts an sich, durchnässt mitten durch die Natur zu wandern. Aber irgendwann stellte sich einfach der Moment ein, in-dem ich begriff, dass ich es nicht würde ändern können. Ich lief und lief und trottete stumpf vor mich hin und erreichte über die Zeit eine Art Gleichgültigkeitszustand, bei dem ich einfach aufhörte, mir über meine durchnässten Klamotten Gedanken zu machen. Gleich einem bis auf die Knochen durchnässten Hund schlich ich mühsam, fast schon schlurfend, Schritt für Schritt einige Meter hinter Cathrina her, die ich nur mäßig vor mir auf dem Weg durch den Regen ausmachen konnte. Der Weg schien mir und uns überhaupt nicht enden zu wollen. Jeden gegangenen Kilometer wurden mir die Beine und Füße schwerer. Meine Füße hatten die Schwere von Betonklötzen. Am liebsten hätte ich mich wie ein trotziges Kind auf den Boden gesetzt und gemault, dass ich keinen Schritt mehr weiterlaufen könnte. Aber es nützte alles nichts. Ich musste all meine Kraft zusammennehmen und in jedem Fall die nächste Herberge erreichen, wann immer diese auch kam und egal, wie viele weitere Kurven wir dafür noch umgehen mussten. Mit meinem linken Fuß konnte ich immer schlechter auftreten. Am Ende war ich stolz und froh, dass wir dennoch nicht aufgegeben hatten und uns Kurve um Kurve weitergearbeitet hatten, mühsam Schritt für Schritt, den Schmerz in den Füßen. Vor allem der letzte Teil, der stetig in Serpentinen bergab ging, ließ meine Beine schwächeln und meine Knie machten für heute regelrecht schlapp. Es war schön, Cathrina getroffen zu haben, dachte ich. Besonders bei dieser Etappe nicht alleine gewesen zu sein, tat meiner Seele gut. Obwohl es für heute nur sechzehn Kilometer waren, hatten diese sich durch den Dauerregen wie ein Vielfaches angefühlt.

Nach unserer Ankunft in unserem heutigen Etappenziel El Acebo, der der erste Ort im Tal El Bierzo war, waren wir heute ganz besonders hungrig und gingen als Erstes etwas essen und realisierten erleichtert unser Glück, dass wir angekommen waren. In diesem Moment war uns einfach alles Übrige egal. Anders als an den Tagen bisher, an denen als Erstes nach einer Ankunft geduscht und die Kleidung gewaschen wurde, um der Wäsche die längst mögliche Zeit zum Trocknen zu geben. Zum Essen gingen wir in das Restaurant der Herberge. Außer uns saßen dort in dem weitläufigen großen Essensraum nur noch zwei ältere spanische Herren an einem der Tische, die sich kaum unterhielten und still vor sich hin aßen. Cathrina und ich suchten uns erschöpft einen Tisch. Der Regen tropfte uns noch von der Kleidung, von den Nasenspitzen und aus den Haaren und unsere Schuhe waren durchgeweicht und mit Schlamm und Dreck bedeckt und gaben immer noch schmatzende Geräusche von sich. Ich war inzwischen nur noch in der Lage, mich langsam humpelnd fortzubewegen, da ich mit meinem linken Fuß kaum noch auftreten konnte.

Kaum hatten wir an einem der Tische Platz genommen, kam auch schon ein desinteressierter Jemand von diesem Herbergslokal und wir konnten uns etwas zu essen bestellen. Eine heiße Suppe musste es nach dieser Tour sein, die unsere Körper von innen aufwärmte. Es wirkte merkwürdig und fast ein wenig unheimlich, in diesem großen Raum derart durchnässt und durchgefroren zu sitzen und auf keinen einzigen weiteren Pilger getroffen zu sein. *Nun sollte etwas geschehen, was weder Cathrina noch ich wirklich verstehen sollten. Einer der beiden spanischen Männer hatte mich still beobachtet, wie ich Platz genommen hatte. Keine fünf Minuten später erhob er sich plötzlich von seinem Stuhl. Er stand abrupt auf und kam spontan auf mich zu. Ohne mir in mein Gesicht oder in die Augen zu schauen und den Blickkontakt zu mir zu suchen oder das Wort an mich zu richten, zog er mir schweigend meinen Schuh und meine dreckige, stinkende Socke aus. Ich zögerte zunächst, da ich vollkommen irritiert war, mich zudem schämte und nicht verstand, was gerade geschah. Mein Zögern ließ ihn ungeduldig werden und so nahm er vorsichtig meinen schmerzenden Fuß in seine Hände und fing an, ihn zu massieren. Aus seiner Jackentasche zog er eine Creme heraus. Er salbte und massierte meinen Fuß mehrere Minuten lang stillschweigend. Ich saß vollkommen perplex diesem fremden Mann gegenüber, schaute aus meiner Position auf seinen Kopf unter mir, hielt ihm, überrascht über mich selbst, freiwillig meinen nackten Fuß entgegen und ließ seine fürsorgliche nächstenliebende Tat an meinem Fuß mit mir geschehen. Cathrina staunte nicht schlecht und beobachtete, wie auch ich, die Situation ehrfürchtig. Den schmerzenden Fuß gesalbt und massiert zu bekommen, tat unvergleichlich gut. Der Fremde zog mir nach einer Weile meine Socke wieder über, legte mir die Salbe auf den Tisch und ließ mich in einem gebrochenen Englisch wissen, dass ich morgen wieder gehen könne. Mehr Konversation mit meinem spanischen Spontanmasseur fand nicht statt. Dann erhob er sich und verließ mit dem anderen Mann das Lokal.* Da saßen wir nun, vollkommen überrumpelt von dem zuvor Geschehenen und Erlebten, ohne ein Wort und ohne Worte. Hatte ich das geträumt? Nein! Ich war ja nicht alleine. Cathrina hatte daneben gesessen und gesehen, was mir passiert war. *Auch diesen Mann musste abermals der Camino mir geschickt haben, damit ich morgen weitergehen könnte, dachte ich schon wieder einmal.* Eine andere Erklärung fand ich für mich nicht.

Als das Essen kam, spürte ich bereits, dass der Schmerz in meinem linken angeschlagenen Fuß nachgelassen hatte und schöpfte Hoffnung für den kommenden Tag. In dieser unheimlich anmutenden

Pilger-Albergue ohne Pilger blieben wir nicht. Nachdem wir uns nach dem Essen die Zimmer hatten zeigen lassen und diese uns ungewöhnlich schmuddelig vorkamen, gingen wir zu einer nächsten Herberge im Ort, in der wir dann glücklicherweise auch auf andere Pilger stießen und uns umgehend wohler fühlten. Dort konnte ich kurz ins Internet gehen, um meine E-Mails zu checken.

Am Abend aß ich mit Cathrina noch einmal ein paar Tapas und wir tranken ein kleines Gläschen leckeren roten Wein vor dem Zubettgehen, als Schlummertrunk. Es ging meiner Begleiterin nicht gut, wie sie mir selbst sagte und ich auch spürte. Trennungsgedanken bezüglich einer Beziehung in der Heimat beschäftigten sie. Auch die heutige Strecke hatte ich als sehr anstrengend empfunden, wenn auch schön und vor allem erlebenswert. Als ich den Tag in meinem Kopf noch einmal Revue passieren ließ, schweiften meine Gedanken noch einmal zu der großzügigen und geberfreundlichen Pilgerin Holly und zu den Bananen, die sie uns spontan von Herzen geschenkt hatte. Dies und natürlich das Ablegen meines Steines und das heutige Geschenk des Caminos an mich, die Fußmassage und -salbung eines Fremden, legten mir ein Lächeln beim Einschlafen auf die Lippen, trotz der erlebten Strapazen im Regen. Der Jakobsweg schien es gut mit mir zu meinen. Davon war ich täglich mehr überzeugt. Und ein wenig schien er auch auf mich zu achten, indem er mir stets zukommen ließ, was ich benötigte. Zudem begriff ich, dass ich heute erfolgreich meine dreiundzwanzigste Etappe hinter mich gebracht hatte und somit meine dritte Woche Dauergehen hinter mir lag. Ich freute mich erschöpft darüber und konnte mir nun nicht mehr vorstellen, womöglich vorzeitig und vor allem freiwillig aufzugeben oder abzubrechen. Ich war dankbar für die Begegnung mit Cathrina und alles, was der Camino mir zukommen ließ und wusste, dass ich unter allen Umständen, den Fußschmerzen zum Trotz, das Ziel, in Santiago de Compostela einzulaufen, erreichen wollte.

Donnerstag, 01.10.2009

Zweiundzwanzigste Etappe: El Acebo – Ponferrada (16 km)

Auf in die vierte Woche, dachte ich am Morgen glücklich und zuversichtlich motiviert. Mit einer von einer anderen Matratze flüchtenden Bettwanze begann der Tag. Zumindest glaubte ich, dass es eine der berühmt-berüchtigten Bettwanzen gewesen sei. Eigentlich hatte ich ja noch nie eine gesehen. Sie waren mir inzwischen nur mehrmals aufgemalt und beschrieben worden. Die Biester schienen wirklich ebenfalls den gesamten Camino zu besuchen und abzulaufen. Cathrina und ich nahmen ein kleines Frühstück in der Herberge ein und dann gingen wir beide unmittelbar los.

Eine wunderschöne Etappe sollte uns heute erwarten, durch eine farbenprächtige hügelige Landschaft mit ein paar steilen Abstiegen. Bei dichtem Nebel ging es durch einen verwunschenen, saftig grünen Wald stetig bergab, teils auf steinigem Weg mit viel Geröll, über das wir mit Hilfe unserer Wanderstöcke zügig und gleichmäßig staksten. Riesige, menschenhohe Farne, wie ich sie noch nie zuvor gesehen hatte, und große Esskastanien ließen uns staunen. Dieser Wald hatte etwas von einem Märchenwald und entzückte uns. Jeden Moment rechnete man damit, eine kleine Elfe zu erspähen oder einen Kobold hervorspringen zu sehen. Die Fantasie beflügelte unseren Gang auf dieser Etappe. Unsere Unterhaltungen wurden zunehmend persönlicher und freundschaftlicher. Wäre ein Zauberer hinter einem der Bäume aufgetaucht, so hätte es uns wahrscheinlich nicht erschreckt oder gar verwundert. Die Kulisse dafür war einfach zu schön und fast schon kitschig anmutend.

Eine Pause legten wir ein in Molinaseca, einem hübschen Örtchen mit einem Fluss. Gestern und heute waren die Etappen landschaftlich einfach fantastisch: grün, wild, ursprünglich, Berge, Nebel, Höhen, Wolken, Bäume und Wälder, einfach traumhaft und regelrecht betörend. Das Klima wurde hier zunehmend mild und erinnerte mich an das mediterrane Griechenland. Einen weiteren Bienenstock durften wir in einem Felsen entdecken, bunt angestrichen war er. Als ich phasenweise für ein Stündchen ganz alleine lief, begegnete mir ein Rudel wilder Hunde. Sie beäugten mich beim Gehen, kamen mir unangenehm nah und ich verspürte tatsächlich Angst, dass sie mich womöglich kollektiv angreifen und beißen würden. Kalter Schweiß benetzte meine Haut und ich befürchtete, sie könnten dies riechen. Am Wegesrand hob ich einen Stein auf, den ich fest verkrampft in meiner Hand hielt, bereit, diesen notfalls auf die Meute zu werfen. Ich zwang mich, ruhig zu atmen und zu gehen, den Tieren nicht in die Au-gen zu gucken und meinen Weg zügigen Schrittes fortzusetzen. Eine ganze Zeit verfolgten sie mich und schienen selbst nicht sicher, was sie tun wollten. Irgendwann ließen sie von meiner Fährte ab und ließen mich einfache Pilgerin ziehen. Unendlich erleichtert realisierte ich dies, mein Körper entspannte sich zunehmend und ich konnte meinen Weg fortsetzen, wenngleich mir dieses Erlebnis für heute an Spannung gereicht hatte.

Als ich eine Rast einlegte, traf ich meine aktuelle Wegbegleiterin Cathrina wieder und gemeinsam setzten wir unseren Weg fort. Bei der Ankunft in der Stadt Ponferrada, die eine beeindruckende Burg der Tempelritter vorzuweisen hatte, nach gepilgerten sechzehn Kilometern, gab es erstmals eine Warteschlange bei der Stempelausgabestelle. Derart viele Pilger standen dort an, um sich ihren Nachweis dokumentieren zu lassen, wie ich es auf meinem Weg noch nicht erlebt hatte. Ich musste mir heute ganz glücklich ein zweites

Stempelbuch holen, da mein erstes Heftchen inzwischen fast voll war. Während wir in der Menschenschlange anstanden, bekamen wir Pilger, auch erstmals, sogar kostenlos Kaltgetränke angeboten. Eine äußerst nette Geste, wie wir fanden. Mein linker Fuß schmerzte weiter. Waren die Duschen sonst immer in den Herbergsgebäuden untergebracht, so befanden sie sich heute außerhalb, hinter der dazugehörigen Kirche.

Vor wenigen Tagen hatte ich mich ja von Hendrike aus den Niederlanden verabschiedet und sie quasi ziehen lassen, damit sie in ihrem hastigen Schnellschritt von dannen ziehen konnte. Viele Pilger inklusive mir hatten mehrmals sorgenvoll versucht, ihr zu klar zu machen, dass sie es etwas langsamer angehen sollte und die Etappen nicht so gehetzt durchqueren sollte, sondern sich für das Laufen und den eigentlichen Weg mehr Zeit geben solle, um den Weg als Ziel bewusst wahrnehmen und erleben zu können. Nun wollte es heute der Jakobsweg tatsächlich und für uns vollkommen überraschend, dass wir sie in der hiesigen Herberge in Ponferrada wiedertrafen. Sie lag im selben Zimmer, in dem wir jede unser Bett zugeteilt bekamen, erschöpft in einem der Herbergsbetten. Leider mussten wir von ihr erfahren, dass es ihr in den letzten Tagen nicht gut ergangen war und dass sie auch jetzt noch sehr angeschlagen war. Sie berichtete uns, dass sie, kurz nachdem wir uns getrennt hatten, am gestrigen Tag, ins Krankenhaus in Ponferrada gekommen war, da sie sich lauftechnisch vollkommen übernommen hatte, unterwegs einen Zusammenbruch erlitten hatte und ihre Waden vollkommen verkrampft und angeschwollen gewesen waren. Sie hatte eine Zwangspause einlegen müssen, vom Camino persönlich verordnet. Aus dem Krankenhaus war sie inzwischen wieder entlassen worden, sodass wir sie hier nun durch Zufall wiedertrafen. Auch jetzt noch hatte sie von den zuständigen Ärzten die Aufgabe erhalten, sich zu schonen und musste ruhen, was dieser quirligen

Frau sichtlich schwerfiel. Sie hatte sich mit ihrem Stechschritt einfach am Ende vollkommen übernommen. Inzwischen sah sie selbst ein, dass sie nicht auf die Ratschläge verschiedenster Pilger und auch nicht auf Zeichen ihres Körpers hatte hören wollen und dass dies wohl eine Art Lehre des Caminos für sie gewesen sei. Wir anderen hofften, dass sie sich diese Erfahrung ernsthaft zu Gemüte führen würde und daraus ein wenig gelernt hatte.

Auch einige andere Pilger, die ich über die Etappen vereinzelt kennen gelernt hatte auf meinem Weg, traf ich hier überraschend in der Herberge in Ponferrada wieder. Am Nachmittag konnte ich ein Internetcafé besuchen und nach Tagen mal wieder in mein E-Mail-Postfach gucken, um ein paar kürzere Antwort-E-Mails zu schreiben. Abends wurden Cathrina, Hendrike und ich von einem herzlichen älteren Ehepaar aus Italien in der Herberge zu einem selbst gekochten Pasta-Essen eingeladen. Es gab eine große Küche, die jeder Pilger nutzen durfte, und dort bereiteten die beiden für uns alle das leckere italienische Mahl vor. Bei einem Gläschen trockenem Vino und mediterranen Leckereien verbrachten wir alle gemeinsam einen geselligen und schönen Abend. Heute, eine Woche später, hörten wir an diesem Abend hier in dieser Herberge, dass andere Pilger den nackten Mann im Hauseingang mit dem Papprohr auf dem Penis auch gesehen hatten. Anscheinend machte er dies jeden Morgen, sobald die Pilger auf der Straße durch das Dorf zum Jakobsweg waren. Bekloppt, der Camino, dachte ich bei mir.

Nachdem der Tisch komplett abgeräumt war, die Tischplatte war leer, musste ich plötzlich mit Schrecken feststellen, dass meine persönliche Wasserflasche nicht mehr da war. Sie war eindeutig weg. Wie vom Erdboden, in diesem Falle vom Tisch, verschluckt. Jeden im Raum fragte ich danach, niemand hatte sie gesehen, weggeräumt oder an sich genommen. Auch unter dem Tisch suchte ich danach, ob sie vielleicht heruntergefallen war. Als ich erneut an den Tisch kam, stand dort eine neue leere Wasserflasche vor mir, ansonsten war der gesamte Esstisch leer und abgeräumt. Es war definitiv nicht meine Flasche. Sie sah der meinen aber äußerst ähnlich. *Ein weiteres Mal ließ das Rätsel sich nicht lösen und ich glaubte inzwischen wieder, dass der Camino mir mal eben eine neue Wasserflasche besorgt hatte, da meine verschwunden war. Auch wenn dies sich nicht logisch erklären ließ. Es hatte langsam etwas Geisterhaftes an sich, all die Dinge, die mir widerfuhren. Einfach verrückt. Aber so lange ich dabei nicht verrückt wurde, wollte ich ihn gerne gewähren lassen, den Camino. Ach ja ... der Camino. Er brachte mir immer wieder, was ich benötigte.* Einfach unfassbar alles.

In dieser Nacht hatte ich einen weiteren Allergieschub von irgendetwas. Meine mitgebrachten Tabletten für diese Notfälle verschafften mir zum Glück schnell Linderung und ließen mich anschließend zeitig einschlafen und tief und erholsam schlafen in dieser Nacht.

Freitag, 02.10.2009

Dreiundzwanzigste Etappe: Ponferrada – Fuentes Nuevas –

Taxi nach Villafranca del Bierzo (8 km)

Am Morgen wurden wir in der Herberge um sechs Uhr dreißig ungnädig geweckt. Ab sieben Uhr dreißig waren wir dann ohne Obdach, wurden auf gut Deutsch aus der Herberge gefegt und mussten losgehen, ob wir wollten oder nicht. Cathrina und ich liefen also los, durch diese letzte größere Stadt bis Santiago de Compostela. Zu Beginn war ich noch motiviert und guter Dinge. Wir hatten erstmals keine Ahnung, wie wir von der Herberge den Weg zum Camino finden sollten und wo der Weg weiterging, um aus der Stadt herauszugehen. Wir suchten überall nach den üblichen Zeichen, schauten vor uns auf der Straße, an den Häuserwänden oder nach Beschilderungen und fanden nichts dergleichen. Wir hatten uns gründlich verlaufen und trotteten wie blind und hilflos durch die Stadt. Eine Stunde irrten wir durch selbige, über asphaltierte Straßen und Bürgersteige, was äußerst ungünstig für meine Knie und Füße war, die einfach keinen asphaltierten Laufuntergrund mochten. Immer wieder sprachen wir Leute an und versuchten uns, nach dem Weg zu erkundigen, der uns endlich aus der Stadt und zum Camino bringen sollte und wurden von jedem in eine andere Richtung geschickt. Es fühlte sich bald an, als wollte man uns nicht helfen und würde uns absichtlich falsch schicken, entgegen aller Herzlichkeit, die jede von uns bisher am Jakobsweg erfahren hatte. Meine Nerven lagen dadurch heute zunehmend blank, besonders nach diesem sinnlosen Herumlaufen auf Asphalt, steigerte ich mich immer mehr in Wut und Verzweiflung und meinen Füßen passte der harte Untergrund gar nicht. Cathrina ließ mich zum Glück in Ruhe, sonst wäre ich womöglich ihr gegenüber unfair geworden.

Erst gegen neun Uhr, nach anderthalb Stunden des Suchens, fanden wir erleichtert aus dieser Stadt heraus und konnten endlich auf dem Jakobsweg unsere heutige Etappe beginnen. Erstmals auf der Reise hatten weder Cathrina noch ich die Zeichen des Weges sehen, erkennen und finden können. Nachdem wir neunzig Minuten über Straßen durch die Stadt, ganze magere acht Kilometer wieder über Asphalt und insgesamt am Ende drei Stunden gegangen waren, quälte der Schmerz meinen Fuß heute so schlimm wie noch nie zuvor. In Fuentas Nuevas mussten wir daher meinetwegen eine Pause einlegen. Wir setzten uns draußen vor einer Bar an einen kleinen Bistrotisch und ich realisierte in diesem Moment, dass ich nicht einen Schritt mehr gehen konnte und absolut gar nichts mehr ging für mich. Ich konnte nicht mehr laufen und konnte keinen

Fuß mehr vor den anderen setzen. Da war es bei mir und meinem Nervengerüst vorbei. Ich war im wahrsten Sinne des Wortes am Ende meiner Kräfte und dermaßen platt, dass Wut und Enttäuschung sich in mir breitmachten, über mein klägliches Scheitern. Der Fuß ließ mich heulen, fluchen und verzweifeln. Mit einem Male brachen alle Dämme des bisherigen Durchhaltens und die Tränen liefen mir an den Wangen herunter, mein Fuß pochte vor Schmerz und ich konnte mich nicht mehr beruhigen und aufhören zu weinen. Cathrina versuchte, warmherzig beruhigend auf mich einzuwirken und mir klar zu machen, dass es nicht schlimm sei, wenn man mal nicht mehr weiterkönne und dass ich sicher nur eine Pause bräuchte, nachher ich dann bestimmt wieder werde weitergehen können.

Schließlich sah ich ein, dass es für heute nicht mehr weiterging und so bestellten wir uns ein Taxi, was ich schließlich schluchzend akzeptierte. Das Luxusgefährt Taxi sollte uns fünfundzwanzig Euro kosten. Wir ließen uns zwanzig Kilometer durch fruchtbare Weinfelder, Gemüse- und Obstgärten in das hübsche, idyllische Städtchen Villafranca del Bierzo bringen. „Kleines Compostela" wurde der Ort früher zu mittelalterlichen Zeiten liebevoll von den Jakobswegpilgern genannt. Denn nur hier wurde kränkelnden und zu schwachen Pilgern, die es nicht mehr schafften, ihren Pilgerweg bis Santiago de Compostela weiterzugehen, bereits ihre Sünden vergeben, auf den Stufen der sogenannten Puerta del Perdón, der Gnadentür, die zu der Kirche Iglesia de Santiago gehörte. Dieses besondere Recht nahm nur Villafranca del Bierzo für sich in Anspruch.

Nach unserer außergewöhnlichen und ungewohnten Ankunft in einem Automobil nahmen wir uns ein Doppelzimmer für zwanzig Euro pro Nacht, in einer erst vor kurzem neu eröffneten Herberge mit Namen Albergue del Piedra. Das Zimmer für sich war winzig klein, aber ganz apart und modern eingerichtet, ganz im Stil eines schwedischen Einrichtungshauses. Ein Hochbett stand darin und es gab ein kleines überschaubares sauberes Bad mit einer Toilette und einer äußerst beengten Dusche. Das war es. Im Zimmer selbst konnte man sich kaum drehen und wenden oder bewegen. Wir passten mit unseren Rucksäcken gerade so dort hinein. Cathrina nahm freiwillig das obere Bett und gönnte mir freundschaftlich das untere. Mit Mühe ging ich humpelnd nach unserer, vergleichsweise frühen, Ankunft mit Cathrina bis zum Ortskern, wo wir uns in einer kleinen Bar etwas zu essen gönnten. Wir konnten draußen sitzen, hoch über dem Fluss, der durch Villafranca del Bierzo floss.

Der wunderschöne herrliche Ausblick beruhigte mich langsam und ich begann die Situation und was geschehen war, zu akzeptieren. Ich musste mir eingestehen, dass ich zwar für diesen Moment gescheitert war, aber ja nicht für den gesamten Jakobsweg. Den heutigen Tag wollte ich für mich nutzen, um zur Ruhe zu kommen und um meinen Fuß zu schonen, damit es morgen wieder pilgernd weitergehen könne. Ich war zunehmend zuversichtlich, dass am Folgetag alles wieder besser sein würde. Der Ort war reizend und sehr sehenswert. Damit trat langsam Entspannung ein und das Akzeptieren, dass mein Körper diese Pause brauchte und sie einfach notwendig war, um nicht diese gesamte Reise womöglich verfrüht abbrechen zu müssen. Zurück in unserem Zimmer, zogen wir uns am Nachmittag komplett nackt aus und gaben, eingewickelt in die auf dem Zimmer für uns bereitgelegten Badehandtücher der Herberge, unsere komplette Kleidung zum Waschen und Trocknen ab und gingen anschließend, nackt und eingemuckelt in Handtücher und Bettdecken, jede in ihrem Bett schlafen. Da das Zimmer kein Fenster hatte, war es stockduster, nachdem wir das Licht gelöscht hatten. Wir hatten somit keinerlei Orientierung bezüglich der Tages-

oder Uhrzeit. Ganze drei Stunden schliefen wir tief und fest vor Erschöpfung durch bis zum Abend und verweilten in unseren Betten, bis unsere Wäsche fertig gewaschen und getrocknet war und uns an der Zimmertür zurück übergeben worden war. Diese Siesta tat so gut!

Am Abend konnte ich endlich mal wieder in ein Internetcafé gehen und eine vierte E-Mail an meine mir Lieben schreiben. Der Hunger trieb uns später noch einmal vor die Tür. Wir gingen ein weiteres Mal eine Kleinigkeit essen und anschließend, mal anders als sonst, tatsächlich ausgeruht ins Bett. Der Schmerz im Fuß hatte dankenswerterweise im Laufe des Tages nachgelassen. Auch ihm hatte der Schlaf gutgetan. Und auch er wirkte zur Nacht hin ausgeruht. Vielleicht könnte er mir morgen ja doch wieder gute Dienste leisten. Ich bat ihn inständig darum.

Samstag, 03.10.2009

Vierundzwanzigste Etappe: Villafranca del Bierzo – Ruitelan (19 km)

Wir schliefen an diesem Morgen absichtlich aus und wir hatten beide traumhaft geschlafen in der vergangenen Nacht! Ich hatte weder gefroren und auch keine neuen Stiche von Bettwanzen oder sonstigem Getier, was ich sehr beruhigt feststellte. Gemeinsam mit Katherina nahm ich in der Herberge ein kleines Frühstück ein. Wir verabschiedeten uns noch von einem italienischen Paar namens Lino und Cecilia und starteten für heute, neu gestärkt nach dem ganzen wohltuenden Schlaf, in herrlich sauber duftender Wanderklamotte. Das Wetter wurde bestimmt von frischem Wind aber gleichzeitig wärmendem Sonnenschein. Unsere Sonnenbrillen kamen zum Einsatz.

Wir wählten bewusst und entschieden wegen meines Fußes zum Gehen nicht den „Camino duro", den schweren Weg, sondern liefen eine leichtere Etappe. Eine einprägsame, „tolle" Strecke. Nervig, unspannend, wenig abwechslungsreich und teils regelrecht unangenehm. Dies bedeutete, dass wir die meiste Zeit neben der Autobahn entlanggehen mussten, was natürlich weder einladend noch schön war als Gehstrecke. Zwischendurch ging es glücklicherweise durch kleine Dörfchen, die meist ansehnlich waren und wir legten immer wieder kleine kurze Päuschen ein. In Vega de Valcarce aßen wir, draußen in der Sonne sitzend, einen angeblich brasilianischen Salat. Wir freuten uns zunächst darüber, einfach einmal etwas Anderes essen zu können als das tägliche Bocadillo con queso oder con jamon. Kurze Zeit später bekam ich jedoch Durchfall und es wurde Cathrina schlecht und übel. Solch Zustände konnten wir nicht so gut gebrauchen, unterwegs am Jakobsweg.

Die heutige Landschaft mit satten und grün leuchtenden weiten Wiesen, erinnerte an Bergalmen und an Österreich oder die Schweiz. Immer wieder sahen wir wohlgenährte Kühe, die große, unterschiedlich klingende Glocken um ihre Hälse hängen hatten. Daneben Berge und massive, rustikale Natursteinhäuser. Auf einem mäßig breiten, vom Regen ausgewaschenen Schotterweg bog plötzlich eine große Kuhherde um die Ecke. Wir erschraken im ersten Moment, ob der doch sehr großen Tiere. Die Kühe ließen sich jedoch von uns nicht beirren und liefen seitlich an uns vorbei, laut bimmelnd und muhend. Weit und breit war kein Mensch zu sehen. Die Herde lief selbstständig den ausgetretenen Weg entlang. Wir standen zeitweise inmitten der Tiere und hofften, bald aus dieser Situation heraus zu sein. Es schien in diesen Momenten ewig zu dauern, bis alle Tiere der Herde endlich vorbei waren. So reizende hübsche Augen hatte jede dieser Kühe, was uns letztlich entzückte, in diesem ungewohnten Kuhtrubel. Als wir nach diesem ungeplanten, zufälligen Erlebnis weitergegangen waren, lief jede in ihrem Tempo weiter, in Gedanken versunken, vor sich hin schweigend und so verpassten wir uns für ungefähr eine Stunde. Wir trafen uns dann aber, nach heute insgesamt gelaufenen neunzehn Kilometern, am Endziel, in Ruitelán, glücklich wieder.

Am Abend wurden wir in einer Herberge vom dort zuständigen Koch regelrecht verwöhnt, mit aufwärmender leckerer Suppe, frischem grünem Salat, Spaghetti Carbonara und Schokoladenpudding zum Nachtisch. Ich besuchte kurz noch ein weiteres Mal das Internet, um meine E-Mails zu prüfen. Früh gingen wir heute schlafen, denn morgen stand uns der Beginn des Aufstieges zum O Cebreiro Pass und zum Ort O Cebreiro bevor.

Sonntag, 04.10.2009

Fünfundzwanzigste Etappe: Ruitelán – O Cebreiro (10 km)

Um sechs Uhr dreißig an diesem Morgen wurden wir mit Gesang des Ave Maria geweckt. Wie schön die Klänge durch die Räume und Flure drang. Überhaupt, laut Musik zu hören, war etwas Besonderes in diesen Tagen. In einen derartigen Genuss kam man als Pilger normalerweise nur, wenn man sich selbst bewusst Kopfhörer aufsetzte oder Ohrstöpsel benutzte, um beim Laufen Musik zu hören oder während der Gottesdienste in den Kirchen. Ich selbst hatte das Gefühl, dies nicht oft machen zu wollen, mir Stöpsel in meine Ohren zu stecken. Dies hatte verschiedene Gründe. Ich wollte in jedem Fall immer hören können, was der Weg um mich herum akustisch zu bieten hatte. In Phasen, in denen ich alleine lief, wollte ich auch einfach mitbekommen, falls sich mir jemand von hinten näherte, um gegebenenfalls vorbereitet zu sein. Vielleicht auch, um mich notfalls wehren zu können. Mir schien es zudem oft, als würde ich nicht vollständig bei mir und mit mir und meinen Gedanken sein, wenn ich Musik mit Ohrstöpseln hörte. Oder anders gesagt, hatte ich das Gefühl, dass das Hören von Musik, während ich auf dem Jakobsweg lief, mich einfach oft ablenkte. Davon abgesehen, konnte ich einfach nur schlecht über einen längeren Zeitraum Stöpsel in meinen Ohren haben, sie störten mich schlichtweg und ich empfand sie als unangenehm, zumindest auf Dauer. Somit hörte ich meist nur mal nachmittags zur Siesta oder am Abend vor dem Einschlafen ein wenig Musik, um mich abzulenken, um mich zu erinnern oder einfach um zu träumen.

Ein fantastisches Frühstück bekamen wir kredenzt an diesem Morgen. Noch warmes und herrlich duftendes Brot und frisch aufgeschnittenes Obst wurden uns gereicht. Und zum ersten Mal gab es statt kleiner kühlschrankkalter Margarinepäckchen frische Butter und zuckersüßen, goldgelben Honig aus der Gegend, der heute ein besonders köstliches Gaumenvergnügen war, nachdem wir lange Zeit keine solchen Speisen mehr gegessen hatten.

Cathrina und ich beschlossen ausnahmsweise und einmalig, unsere Rucksäcke für drei Euro pro Person bis hinauf auf den Berg nach O Cebreiro bringen und fahren zu lassen, da uns ein steiler Anstieg bevorstand. Ich wollte meinen angeschlagenen linken Fuß entlasten, denn sonst hätte ich mit selbigem samt Gepäck den Aufstieg vermutlich nicht geschafft. Dies war eine gute Entscheidung gewesen, wie wir später am Ende der Etappe wissen sollten. Es gab kaum Regen unterwegs, jedoch viel Nebel, der alles um einen herum optisch in eine unwirkliche Landschaft verwandelte. Einen teils steilen Anstieg sollten wir bewältigen müssen und wir kamen dabei richtig ins Schwitzen. Unsere Klamotten waren nass vom Schweiß und klebten uns an den Körpern. Dies ließ uns aber nicht verzagen, weiter den Aufstieg zu wagen. Es wurde nur eine kurze

Pause eingelegt, dann ging es weiter. Die Etappe führte uns landschaftlich auf steinigen Platten durch die Schatten alter Kastanien- und Eichenwälder und vorbei an vielen Kühen. Wir liefen immer wieder Gefahr, auf den Hinterlassenschaften der Kühe, also auf großen Kuhfladen, auszurutschen. Dies galt es in jedem Fall zu vermeiden, da wir ziemlich sicher waren, dass wir solch einen Gestank mit unserer puren Handwäsche nicht würden entfernt bekommen.

Wiederholt wanderten wir durch dichte Nebelfelder, die alles in einem ganz besonderen Licht aussehen ließen und einfach überwältigend waren und fast schon etwas Zauberhaftes an sich hatten. Auf 1.306 Meter ging es hoch, bis durch die Wolken. Je höher wir kamen, desto weniger wurden die Bäume und desto lichter wurde der Wald. Fantastisch, einmalig und wirklich besonders, diese heutige Strecke und wir durften zum Ende hin erstmals das typische Grün der bevorstehenden Berglandschaft Galiciens erkennen. In O Cebreiro, dem ersten Ort Galiciens, kamen wir stolz nach zehn aufwärts gelaufenen Kilometern an. Bestimmt wurde er durch urig oval gebaute Häuser aus Schiefer und Granit, bedeckt mit Strohdächern, die im Spanischen „Pallozas" genannt werden und ursprünglich von den Kelten erbaut worden waren, um dem oft wechselnden und regenreichen Wetter der Berggegend standzuhalten.

Es schmerzte, nach der heutigen Anstrengung, natürlich wieder mein Fuß. Nachdem wir uns mit einem Doppelzimmer für fünfunddreißig Euro belohnten, nahmen wir erst einmal eine heiße Dusche. Nach dem Durchwaschen der verschwitzten Kleidung machten wir ein wohltuendes und äußerst erholsames Mittagsschläfchen. Wir besuchten die Kirche in O Cebreiro, die älteste am Jakobsweg. Hier in diesem Örtchen gab es zum ersten Mal sogar kleine Touristen-lädchen, in denen sämtlicher Camino-Nippes verkauft wurde. Von Plastikpilgern über Jakobsmuscheln oder Magnete wurde so manches feilgeboten. Auch Dudelsackmusik konnten wir hier aus verschiedenen Lokalen als Hintergrundmusik erkennen. Ein weiteres Vermächtnis der Kelten, wie uns ein Kellner später erklärte.

Zum späten Nachmittag hin gingen wir gemeinsam in einem Lokal etwas Deftiges essen. Nach unserer anstrengenden Tour, nach dem Aufstieg, hatten wir riesigen Hunger und brauchten ein kräftiges Mahl. Mit der heutigen Etappe hatten wir die regenreiche Region Galicien erreicht. Es sollte sich von nun an landschaftlich alles satt grün und reich bewachsen zeigen. Ich hatte von hier aus einen nächsten Schwung Postkarten an mir liebe Menschen geschrieben und abgeschickt. Cathrina tat mir weiterhin gut. Ich fragte mich aber, ob dies auch umgekehrt zutraf. Es war sicher nicht leicht, immer Rücksicht auf mich und meinen angeschlagenen Fuß zu nehmen und mein Schneckentempo auszuhalten. Ich war gespannt, wie lange unsere gemeinsame Reise gehen würde. Sie war sehr nachdenklich und viele Fragen und Überlegungen bezüglich ihres Lebens in Berlin arbeiteten unaufhörlich in ihr, da sie für sich existentielle Entscheidungen zu treffen hatte.

Abends in der Kneipe, in der wir zuvor spätnachmittags schon ein wenig gegessen hatten, leerte ich mit Cathrina ganze zwei Flaschen Rotwein. Normalerweise gab es am Abend zum Essen immer ein bis zwei kleine Gläschen Wein. An diesem Abend aber kamen wir unvorhergesehen in einen zunehmend persönlicher werdenden Redefluss, so dass der Abend mit Leichtigkeit verstrich und unsere Gespräche mit immer mehr Vertraulichkeiten bestückt wurden. Reichlich angedudelt fielen wir, nicht zu spät, jede in ihr Bett. Eine Nacht blieben wir in O Cebreiro bei dichtem Nebel auf dem Berg, was teilweise äußerst unheimlich und gruselig war, wenn man versuchte, aus dem Fenster zu schauen. Durch die Fenster guckte man schlicht vor eine graue Wand. Auf dem Dach konnten wir in der Nacht strömenden Regen laut prasseln hören. Wir schliefen wie zwei angetrunkene Murmeltiere, tief und fest in dieser Nacht auf dem Berg im keltischen Steinhausdorf.

Keltisches Steinhaus

Montag, 05.10.2009

Sechsundzwanzigste Etappe: O Cebreiro – Triacastela (23 km)

Bis acht Uhr morgens haben wir erholend ausgeschlafen, dann ein wenig gefrühstückt und sind erneut bei dichtem Nebel gegen neun Uhr losgegangen. Auf oft sanften und somit kniefreundlichen Waldwegen liefen wir beschwingt und frohen Mutes durch die grüne Landschaft Galiciens und konnten uns nicht satt sehen an der saftigen Vegetation dieser Gegend. Mit einigen kleinen Pausen schafften wir gut die beiden Pässe San Roque und Alto do Poio. Meine Füße taten heute nicht ganz so weh und ich konnte die meiste Zeit recht gut gehen, auch dank des oft angenehmen weichen Waldbodens als Laufuntergrund. Galicien zeigte sich uns einfach wunderschön. Saftig grüne, prächtige Natur umgab uns. Satte Wiesen durften wir sehen und riechen, dichte Wälder, viele Kühe und Schafe und grünlich schillernde Moose. Vermeintliche Hexen lauerten hinter betagten Bäumen und klar fließenden Bächen und es gab mal wieder eine Menge Regen.

Aber so schön das Naturschauspiel unterwegs auch war, bei Regen durch Kuhscheiße zu waten, war auf Dauer wenig erhebend und prickelnd. Die Region machte jedenfalls ihrem Namen alle Ehre. Seit wir in Galicien waren, regnete es nämlich unaufhörlich. Das nervte streckenweise zunehmend. An dem ersten Tag hatte ich noch gedacht: Okay, Gehirn ausschalten und einfach gehen. An dem zweiten Tag hatte es schon auf die Stimmung gedrückt. Auf die tiefe Nebelphase vom Morgen folgte zunächst bewölktes Wetter und die letzten zwei bis drei Stunden Abstieg mussten wir abermals durch dichten Regen laufen, bei fiesem unangenehmem Wind, der uns die Tropfen um die Nase trieb. Immerhin hatten wir heute ein gutes Stück geschafft, als wir nach ganzen dreiundzwanzig Kilometern gegen achtzehn Uhr in Triacastela ankamen und dort in eine private Pilgerherberge gingen. Der Name des Ortes deutete bereits darauf hin, dass es hier einmal drei Festungen oder drei Kapellen oder etwas Ähnliches gegeben haben musste.

Um unsere Wanderklamotten zu waschen, war es heute blöderweise zu spät. Die Kleidung würde bis zum Morgen nicht trocknen, da die Luft um uns viel zu feucht war. Galicien und sein nasses

Regenwetter ärgerten uns also ein wenig und brachten unsere Pilgerroutine erstmals ein wenig aus dem Konzept. Also hängten wir die regennassen Sachen ausnahmsweise im Innern der Herberge zum Trocknen und Durchlüften auf, in der Hoffnung, dass wir morgen nicht vollkommen müffeln würden und andere Pilger uns womöglich würden meiden wollen. Da es schon spät war, machten wir uns anschließend nur kurz frisch und gingen direkt zum Essen im Ort. Unterwegs entdeckten wir ein Schild, das an ein altes ehemaliges Pilgergefängnis erinnerte. Ein Gebäude dazu fanden und sahen wir jedoch nicht.

Ich hatte Cathrina eine ehrliche und direkte Antwort gegeben bezüglich ihrer Beziehung. Vielleicht war das zu hart. Mit ihr wurde mir in Bezug auf viele Fragen zum Leben ein Spiegel vorgehalten, merkwürdig. In der Herberge begegneten wir am Abend noch drei Schweizern und hielten mit ihnen noch einen typischen kurzen Pilgerplausch ab. Am Ende waren es doch immer die gleichen Fragen, die Pilger sich stellten, wenn sie sich begegneten. Wo kommst du her? Wie heißt du? Wie lange bist du schon unterwegs? Wo bist du gestartet? Wie viel Zeit hast du insgesamt zur Verfügung für den Camino? Läufst du alleine? Über die Zeit wurde ich ein wenig müde, immer die gleichen Fragen zu hören und zu stellen. Inzwischen war ich froh über die Menschen, die ich ein wenig hatte kennen lernen dürfen und fühlte mich in ihrer Gegenwart einfach am wohlsten. Derzeit war es Cathrina. Meine Dänen waren ja längst weg, Hendrike irgendwo unterwegs und Matteo nicht mehr gesehen. Ich würde mir wünschen, gemeinsam mit Cathrina bis nach Santiago de Compostela zu gehen. Aber sie wirkte immer nachdenklicher und mit sich beschäftigt. Vielleicht mussten auch wir beide uns bald gegenseitig ziehen lassen. Innerlich begann ich, mich auf einen Abschied von ihr einzustellen, wenn es mir auch schon jetzt schwerfiel, da ich sie sehr in mein Herz geschlossen hatte und ich mir wünschte, wir würden in Kontakt bleiben. Aber wer konnte mir das heute sagen, was mir der Camino noch bringen würde. Es waren nun nur noch 153 Kilometer.

Kilometerstein, Grenze zu Galicien

Dienstag, 06.10.2009

Siebenundzwanzigste Etappe: Triacastela – Sarria (25 km)

Nach einer muckeligen Nacht in einer Art olfaktorischem Puma-
käfig und nervig knatschenden Betten gingen Cathrina und ich am
frühen Morgen erst einmal ein sattmachendes Bocadillo frühstücken und tranken einen starken, wachmachenden Café con leche,
den ich ohne die Zugabe von mehreren Zuckerwürfeln gar nicht
runterbekommen hätte. Gegen neun Uhr starteten wir mit unserer
heutigen Etappe. Es gab von Triacastela aus zwei Wegvarianten.
Wir entschieden uns für die, die entlang des Rio Ouribio führte.
Cathrina ging es nicht gut und so war sie heute nicht gut drauf. Ich
beschloss für mich unterwegs, sie auf dem Weg alleine gehen zu
lassen. Ohne Pause lief ich alleine weiter und baute mir so einen
kleinen Vorsprung aus. Das Wetter war bewölkt und zwischendurch regnete es, aber die Temperaturen waren mild und so war es
angenehm zu laufen. Der Weg war teils steil und steinig, insgesamt
aber schön. Es ging weiter durch das Grün Galiciens, durch Wälder
und über Weidewiesen. Meine Füße waren heute gnädig zu mir und
trugen mich Schritt für Schritt, ohne groß herum zu zicken, insgesamt fünfundzwanzig Kilometer weit zum heutigen Etappenziel
nach Sarria.

In einer Bar im Ankunftsort auf einer ansehnlichen Straße namens
Rua Major mit alten herrschaftlichen Häusern, die durch die Altstadt führte, wollte der Zufall es, dass ich Hendrike aus den Niederlanden wiedertraf. Verrückt, dieser Jakobsweg. Sie lief wieder
und hatte mich auch schon wieder überholt, diese flotte, lustige
holländische Rennmaus. Es ging ihr gesundheitlich gut, sie war soweit wiederhergestellt und genesen und die Lehre des Caminos
schien ihr am Ende doch etwas gebracht zu haben. Sie erzählte mir,
dass sie nun ihre Schritte besonnener setzte und zunehmend lernte,

auf die Zeichen ihres Körpers zu hören. Das hörte ich gerne und ich freute mich für sie, dass sie nicht hatte abbrechen müssen nach ihrem Zusammenbruch. Ich erhielt über den Tag mehrere SMS-Nachrichten von verschiedenen Leuten, wie von dem italienischen Pärchen Lino und Cecilia, von Freunden aus meiner Heimatstadt, von meinem dänischen Camino-Begleiter-Pärchen und von Cathrina, mit der ich mich verabredete. Jede dieser Nachrichten tat mir gut und motivierte mich in den Momenten, in denen ich sie las, zum Weiterlaufen.

In einer Bar wartete ich auf die Ankunft von Cathrina. Gemeinsam suchten wir für uns bei unangenehm strömendem Regen eine Herberge. Zwischen Cathrina und mir hatte es einen Stimmungswechsel gegeben und ich dachte für mich, sie bräuchte Zeit für sich. Die Ausgewogenheit, die uns zu Beginn unseres Kennenlernens still verband, war aus dem Gleichgewicht geraten, da es einem von uns nicht gut ging. Aktuell ging es ihr nicht gut. Daher würde es bald an der Zeit sein, dass jede für sich ihren Weg weitergehen könnte, ohne unnötig abgelenkt zu werden, wodurch auch immer. Sie musste sich wieder auf sich besinnen können.

Abends gingen wir noch einmal zusammen zu einem Pilgermenü in einem vollkommen überfüllten und unangenehm lauten Lokal. Jeder Stuhl war besetzt, im Hintergrund lief laut Musik und die Gäste des Lokals mussten sich an ihren Tischen regelrecht anschreien, um sich unterhalten zu können. Die Luft war stickig und muffig von den vielen Menschen auf kleinem Raum. Kaum dass wir aufgegessen hatten, sahen wir zu, dass wir hier rauskamen und verschwanden. Der Wirt gab uns nach dem Essen versehentlich die Rechnung des Nachbartisches und deren Restgeld und so kam es, dass wir dort am Ende spontan ein wenig die Zeche prellten, da der Mann derart unfreundlich zu uns war und das Essen grässlich schlecht geschmeckt hatte. Niemand bekam dies mit und wir schlichen uns durch die vollbesetzten Tische zum Ausgang und nach draußen. Unterwegs kicherten wir den ganzen Weg bis zur Herberge.

Hendrike kam uns, kurzentschlossen, am späteren Abend noch in unserer Unterkunft besuchen und gemeinsam saßen wir drei noch eine Weile an einem Kamin zusammen und starrten stumm in die uns anziehenden lodernden Flammen des Feuers. Nachdem Hendrike sich von uns verabschiedet hatte und sich auf den Rückweg zu ihrer Herberge machte, suchte auch ich mein Bett auf und ging schlafen. Cathrina hatte noch alleine beim Feuer bleiben wollen. Am Ende blieb sie die halbe Nacht weg und kam erst in den Morgenstunden. Wo sie gewesen war, wusste ich nicht.

Mittwoch, 07.10.2009

Achtundzwanzigste Etappe: Sarria – Portomarin (23 km)

Sehr früh am Morgen bin ich, mich leise rausschleichend, alleine losgegangen, ohne Cathrina. Ich habe sie schlafen gelassen mit dem Wissen, dass unsere gemeinsame Reise wohl in Kürze ihr Ende finden würde. Am Vortag hatten wir noch einen Treffpunkt besprochen, für den Fall, dass wir alleine die nächste Etappe gehen würden. In der Nacht hatte es stark geregnet und die Straßen und Wege waren getränkt vom Regenwasser der Nacht und wiesen tiefe Pfützen auf dem Weg auf. Als ich die ersten zwei Stunden hinter mich gebracht hatte und gerade in einer Bar draußen sitzend eine Pause einlegte, bekam ich eine SMS von Cathrina. Sie schrieb mir, sie würde in Sarria bleiben, um dann alleine den Jakobsweg für sich weiterzugehen. Ihr wäre klargeworden, dass sie Zeit für sich und zum Nachdenken bräuchte und sich über einige Dinge ihres eigentlichen Lebens in Berlin Klarheit verschaffen müsste. Mit mir hätte diese Entscheidung nichts zu tun. Dann schrieb sie mir noch, wenn der Camino es wolle, dann würde er dafür sorgen, dass wir uns wiederträfen, irgendwo und irgendwann. Für den Moment, als ich ihre Nachricht las und realisierte, schmerzte es mich, dass ich Abschied nehmen musste ohne, dass ich sie noch einmal umarmt hatte und mich richtig von ihr hatte verabschieden können. Auch wenn ich es längst im Stillen geahnt hatte, dass sich unser Weg bald trennen sollte, so stimmte es mich doch in diesem Augenblick sehr traurig, da diese Situation nun eingetreten war. Ich saß da, auf meinem Plastikstuhl vor einer einfachen Bar. Viele Pilger, die ich nicht kannte, machten hier kurz Rast, indem sie etwas tranken oder aßen, und gingen zügig weiter. Niemand nahm Notiz von mir und so beobachtete ich das Geschehen um mich herum, auch wenn ich gedanklich gerade vollkommen abwesend war. Ein Mann kam gemeinsam mit seinem Esel ebenfalls des Weges getrottet und trieb mir wieder ein Lächeln ins Gesicht. Es half ja nichts, dachte ich bei mir. Ich musste Cathrina loslassen und meinen eigenen Weg fortsetzen. Ich war zuversichtlich, dass der Camino es dennoch weiterhin gut mit mir meinte und mir helfen würde, auch die letzten Etappen bis nach Santiago de Compostela zu meistern, egal ob letztlich alleine oder mit einer Wanderbegleitung. So trank ich meinen wohltuenden Café con leche, atmete noch einmal tief durch, wobei ich mich innerlich von Cathrina verabschiedete, und lief weiter, meinen eigenen Camino.

Unterwegs kam ich heute hinter A Brea an dem berühmten Kilometerstein mit der Zahl einhundert vorbei, wobei es in Wirklichkeit wohl noch einhundertfünf Kilometer sein sollten bis nach Santiago de Compostela. Diese berühmte Kilometermarkierung war äußerst beliebt bei vielen Spaniern, die sich erst ab hier auf den Jakobsweg machten und den Kilometerstein als ihren Startpunkt nahmen. Diese hatten in der Regel im Vorfeld ein Hotel gebucht und ließen ihr Gepäck stets von einem Bringservice zum nächsten Ziel transportieren. Ihr Start wurde an diesem Fleckchen Jakobsweg fröhlich posierend morgens am Kilometerstein Einhundert foto-grafisch festgehalten. Dies gerne in einem bereits angetrunkenen Zustand für spaßige Erinnerungsfotos und Selfies und nachdem sie ausgeschlafen, entspannt und frisch geduscht hatten, parfümüberladen, fit und ohne irgendwelche körperlichen Blessuren waren, in Kleingruppen bis Hordengrößen, wie aufgedreht und übermütig loszogen. Viele waren bereits am Morgen angeschickert und sahen ihr Vorhaben eher als ein lustiges Wochenendevent an, was für mich jedoch eher einem Outdoor-Frühschoppen gleichkam. Wenn man als Pilger, so wie ich, nach vielen Wochen der Entbehrungen, vor sich hin müffelnd bis stinkend, erschöpft und vielleicht auch noch vollkommen durchnässt des Weges gelaufen kam und in solch eine grölende, angetrunkene Meute von Spaßwanderern lief, mochte man sich am liebsten vor Fremdscham wegbeamen und in Luft auflösen.

Nur diese letzten einhundert Kilometer des Jakobsweges vor und bis Santiago de Compostela waren verpflichtend zu gehen, denn nur diese Anzahl an gelaufenen Kilometern war notwendig und reichte im Grunde aus, dass einem die Compostela-Urkunde als Nachweis ausgestellt wurde und man diese als Endbelohnung für sein Pilgern erhielt. Ich empfand dies als eine Farce und als eine große Ungerechtigkeit all den Pilgern gegenüber, die den Jakobsweg mit entsprechender Muße und Ernsthaftigkeit über lange Zeiten gegangen waren. Einige waren schon seit der Schweiz unterwegs, die meisten waren bereits in Frankreich gestartet und manche, so wie ich, hatten ihren Weg irgendwo weiter weg in Spanien begonnen. Man fühlte sich dadurch etwas falsch behandelt, da man selbst ja bereits seit Wochen unterwegs gewesen war und mit sämtlichen Entbehrungen vieles auf sich genommen und ertragen hatte. An-gefangen von dem selbst getragenen Gepäck, über schmerzenden Körperteile, seelische Abgründe, die sich aufgetan hatten, weiter zu zunehmend stinkender Haut im Schweiße der eigenen Anstrengungen, von vollgepferchten Schlafsälen über stinkende Blasenfüße bis hin zu vielen unterschiedlichsten Stimmungen, hatte man sich schließlich über Wochen, Schritt für Schritt, den Weg Richtung Santiago de Compostela erarbeitet. Und dann traf man an dieser Wegmarkierung auf diese wie aus dem Ei gepellten, hochnäsig wirkenden, übermütigen Spanier, die anscheinend eher ein Spektakel daraus machten, mal eben nach drei Tagen behaupten zu können, sie seien den Jakobsweg gegangen. Irgendwie ungerecht war das, zumindest empfand ich es so, als ich es realisierte.

Zwei Stunden vor meiner Ankunft, nach dreiundzwanzig Kilometern, begann es mal wieder zu regnen, so dass ich abermals bei strömendem Regen, in Regenponcho und durchweichten Socken und Schuhen mein Ziel erreichte. Die heutige Tour hatte mich entlang kräftiger Eichenbäume und durch dichte Laubwälder und auf Feldwegen geführt, bis es bergab gegangen war zu dem aufgestauten Fluss Río Miño. Im heutigen Etappenziel, in der Stadt Portomarin, traf ich überraschend ein weiteres Mal auf Hendrike. Cathrina war weg, Hendrike wieder da. Ach ja, der Jakobsweg. *Er ließ mich immer wieder alleine den Weg gehen, ließ mich aber am Ende nicht alleine.*

Am Nachmittag kam sogar noch ein wenig die Sonne heraus, was uns allen direkt wohlig auf unsere Gemüter schlug. Das heutige Portomarin sei erst in den sechziger Jahren entstanden, erzählte mir Hendrike. Der ursprüngliche Ort Portomarin war durch das Fluten eines Stausees im Wasser verschwunden. Einige der wichtigsten Gebäude hatte man damals abgebaut und in dem hochgelegenen neuen Ort getreu wiederaufgebaut. Hendrike erzählte mir weiter, dass man wohl, je nachdem, wie hoch der Stand des Wassers im See sei, Teile der alten Stadt noch sehen könne. Abends um halb acht besuchte ich mit ihr die Messe in einer Kirche im Ort, welche nicht besonders spektakulär waren, also weder die Messe noch das Kirchenhaus. Danach gingen wir erstmals auf dem Jakobsweg in einem italienischen Restaurant eine Pizza essen, holten uns frisches Geld an einem Automaten und ich ging in meiner Herberge kurz noch einmal ins Internet. Der Regen hatte sich am Abend verzogen und so konnten wir trockenen Fußes zum Abendessen gehen. Erst in der Nacht sollte es weitere starke Regengüsse geben.

Des Nachts träumte ich schrecklich, von meiner Mutter, die immer wieder weiterging, ohne dass ich sie erreichen konnte. Ich lief hinter ihr her, rief immerzu angestrengt lauthals nach ihr, aber sie ging einfach weiter, ohne stehen zu bleiben und ließ mich zurück, obwohl sie mich hören konnte. Aus voller Kehle laut schreiend, war ich inmitten des Dunkels in meinem Herbergsbett aufgewacht, weil ich im Traum flehend nach meiner Mutter geschrien hatte. Nie zuvor in meinem Leben hatte ich solch einen Traum erlebt, der sich in diesen Augenblicken unheimlich real angefühlt hatte. Ich war von meinem eigenen Schrei durch die Nacht wach geworden. Erschreckend. Ebenso wie der Traum selbst. Der Schrei war mir mit dem Atem im Halse stecken geblieben. Ich hatte andere Pilger, die mit mir im selben Raum schliefen, damit sogar geweckt. Am liebsten wäre ich im Boden versunken oder hätte mich unsichtbar aus dem Zimmer geschlichen. Im Zimmer und um mich herum war es stockfinster. So dunkel, dass ich meine eigene Hand vor Augen nicht hatte sehen können. Niemand konnte mich daher erkennen oder genau lokalisieren, von wo der Schrei gekommen war. Ich blieb wie erstarrt und angewurzelt regungslos in meinem Bett liegen, nachdem ich realisiert hatte, was soeben geschehen war. Wen immer ich mit meinem nächtlichen Schrei unabsichtlich geweckt hatte, er oder sie war sicher bald wieder eingeschlafen. Zumindest hoffte ich das und wollte das fest glauben. Es dauerte lange Minuten, bis ich mich traute, mich in meinem Bett überhaupt wieder zu bewegen und mir die Tränen wegzuwischen.

Es folgte der schwere Versuch, wieder einzuschlafen. Ich wünschte mir nichts sehnlicher, als nach diesem Traum einen erholsamen Schlaf zu finden, gleichzeitig hatte ich ungeheure Angst davor, wieder einzuschlafen und womöglich ein weiteres Mal in diesen Traum zu geraten, der sich für mich wie ein Alptraum angefühlt hatte. Da hatte der Jakobsweg über den Traum aus meinem tiefsten Unterbewusstsein eine meiner größten Ängste heraufgespült. Die Angst hatte mir gezeigt und vor Augen gehalten, dass ich meine Mutter zuvor nicht hatte erreichen können und dass ich dies in diesem Leben mit großer Wahrscheinlichkeit auch nie mehr würde tun können. Ich hatte wahnsinnige Angst vor dem Alleinsein in diesem Moment der Nacht und wieder einzuschlafen, fiel mir sehr schwer. Gleichzeitig meldete sich wieder der ewig wiederkehrende Wunsch, endlich jemanden zu finden, mit dem ich gemeinsam durchs Leben gehen könnte und der diese Leere des Alleinseins ausfüllte. Mit Mühe versuchte ich an etwas anderes zu denken. Mit diesem Tag hatte ich meine achtundzwanzigste Etappe geschafft und somit die vierte Woche des Laufens beendet, leider seelisch schmerzhaft und traurig. Aber das Ende des Jakobsweges war langsam sichtbar und ließ mich leise hoffen, dass ich durchhalten würde, auch wenn ich traurig war und längst begrabene Lasten vom Camino hervorgezerrt wurden und mir das Laufen dadurch nicht leichter fiel. Ich war vollkommen müde und dachte, eigentlich müsste ich mal einen Tag zu früherer Uhrzeit, vielleicht mal wieder in der Mittagszeit, an einem Etappenziel ankommen und einfach mal wieder ein wenig Zeit für mich haben. Ich war in den letzten Tagen immer erst gegen siebzehn oder achtzehn Uhr an meinen Tageszielen angekommen, da konnte ich gerade noch duschen und essen und dann war es meist schon zweiundzwanzig Uhr und Zeit, schlafen zu gehen.

Donnerstag, 08.10.2009

Neunundzwanzigste Etappe: Portomarin – Palas de Rei (25,2 km)

Früh am Morgen lief ich die ersten beiden Stunden auf schmalen Landstraßen, durch einige kleine Dörfer in unschönem Nieselregen, mäßig motiviert los. Die Landschaft wurde heute bestimmt durch Pinienbäume. Mal ging es vorbei an Wiesen, mal an Feldern. Im Laufe des Wanderns wurde das Wetter zu meinem Glück zunehmend besser. Laut des Wetterberichtes vom Vorabend sollte es angeblich in den nächsten Tagen schöneres Wetter geben, was wünschenswert war, da meine voraussichtliche Ankunft in Santiago de Compostela Anfang der kommenden Woche bevorstand. Unglaublich. Ich hatte noch immer ein wenig Angst, dass noch etwas dazwischenkommen könnte. Mein linker Fuß war jeden Tag kaum noch zu gebrauchen und ich schleppte mich eigentlich nur noch mühsam voran. Sämtliche Pilger strahlten mich des Abends immer an, wenn sie sahen, dass ich es humpelnd langsam, aber sicher wieder geschafft hatte.

Die Luft war bei den meisten einfach raus. Bei mir irgendwie auch. Ich sehnte mich zunehmend nach der Ankunft, nach Wochen der Entbehrungen, in den muffigen Klamotten, den Höhen und Tiefen. Ich wurde stetig müder von den immer gleichen Fragen: Wo kommst du her? Wo bist du gestartet? Wie lange bist du schon unterwegs? Ich mochte kaum noch neue Leute kennen lernen und ich freute mich auf die, mit denen ich länger zusammen gewesen war. Ganz besonders und allen voran freute ich mich auf mein dänisches Paar. Ich war mir sicher, wir würden uns in der nächsten Woche noch einmal in Santiago oder am Kap Finisterre treffen, wo die meisten der Pilger nach ihrer Ankunft in Santiago im Anschluss noch hinfahren oder hinlaufen. Für mich selbst wusste ich schon jetzt, dass ich dann ganz sicher den Bus nehmen würde, denn ich konnte mir in diesem Moment nicht vorstellen, dass ich noch einmal drei Tage à dreißig Kilometer laufen könnte und wollen würde. In Kap Finisterre sollte man zunächst einige seiner Klamotten, die man auf der Wanderung getragen hatte, verbrennen und anschließend möglichst noch im Atlantik baden, um die letzten Sünden abzuwaschen. Bei Regen und Sturm war mir gerade so gar nicht danach, ein Bad im Atlantik zu nehmen. Wer wusste schon, wie das Wetter nächste Woche würde. Aber dazu mehr, wenn es soweit wäre. Und bis jetzt hatte der Camino es durchweg gut mit mir gemeint. Immer und immer wieder. Meine Füße sträubten sich heute jedoch wieder, als ich sie quälend weiter vorwärtstrieb und es schien mir, als seien sie heute einfach nicht zu gebrauchen.

Der für mich bezeichnende Traum der letzten Nacht ging mir nicht aus dem Kopf und begleitete mich durchgehend auf meiner Route. Lief ich alleine weinte ich und spürte in meiner Seele und meinem gesamten Körper noch den Schmerz nach, die der Traum aus meinem Unterbewussten hervorgeholt hatte. Gelegentlich holte Hendrike mich unterwegs ein. Auch wenn sie sich nun nach ihrem Krankenhausaufenthalt darum bemühte, ihre Schritte bewusster zu setzten, so hatte sie einfach viel längere Beine als ich. Und auch, wenn sie für sich selbst nun langsamer ging, war sie dadurch bedingt natürlich dennoch immer schneller unterwegs als ich, die „Camino-Schnecke", wie mich einige Pilger inzwischen liebevoll und augenzwinkernd nannten. Viele Pausen musste ich heute auf dieser Etappe einlegen. Mit meiner letzten Kraft hatte ich mich über fünfundzwanzig Kilometer nach Palas de Rei, der Stadt mit dem hoheitlichen Namen Königspalast, sprichwörtlich geschleppt. Zuvor hatte ich große Eukalyptusbäume riechen und sehen können, die ich aus Griechenland kannte und an denen ich es liebte, wenn der Wind sanft ihre Blätter streichelte und sie in ein schönes leises Rauschen versetzte. So entzückt ich von den wohlduftenden Bäumen war, am Ende konnte ich kaum noch laufen.

Später in der Pilgerherberge lernte ich einen jungen Mann namens Christian aus Österreich kennen, der erst vor einer Woche gestartet und somit noch nicht lange unterwegs war. Eine SMS von Mathilde und Kristian erreichte mich, in der sie mir mitteilten, dass sie heute in Santiago de Compostela angekommen waren. Sie hatten es also geschafft, dachte ich und freute mich für sie. Besonders, weil ich nun wusste, dass ihnen auf dem Weg nichts zugestoßen war und es ihnen gut ging. Hendrike hatte nach ihrer Ankunft irgendein Missverständnis bezüglich ihrer Zimmerbelegung und es dauerte ein wenig, bis sie alles für sich mit dem Herbergsvater hatte regeln können. *Ein junger Mann mit Namen Paolo aus Portugal trat mir in der Albergue dankenswerterweise sein unteres Bett des Hochbettes ab, um freiwillig in dem oberen Bett zu schlafen. Was für ein Glück ich wieder hatte!* Es wäre mir nämlich ein Graus gewesen, hätte ich mit den schmerzenden Füßen die Leiter hochgemusst und vor allem in der Nacht für Toilettengänge womöglich mehrmals rauf- und runterklettern müssen. Man sah mir meine strapazierten Füße und mein mitgenommenes Gemüt wohl an. Wie liebenswert von ihm, diese Aktion. Ich bedankte mich mehrfach. Als Hendrike ihr Zimmerchaos geklärt hatte, lud ich sie spontan am Abend zum Pilgermenü ein. Die Stadt als solche hatte für uns nichts Schönes zu bieten. Nachdem Hendrike sich von mir nach unserem Abendessen verabschiedet hatte und weg war, bekam ich in der Pilgerherberge mal wieder die Möglichkeit, das Internet zu nutzen und schrieb noch eine E-Mail an alle meine Freunde. Die fünfte. Der Betreff lautete: „Unter Hundert!"

Freitag, 09.10.2009

Dreißigste Etappe: Palas de Rei – Ribadiso da Baixo (26 km)

Gegen acht Uhr morgens lief ich alleine los. Den ganzen Tag kam ich auch heute nur mühsam voran und spürte durchgehend Schmerzen in meinem linken Fuß und in der dazugehörigen Ferse. Immer wieder verlangte mein Fuß, innezuhalten und zu pausieren. Der Jakobsweg verlief heute abermals häufig über Feldwege und mehrmals durchquerte er kleine Dörfchen. Auch an diesem Tag ließ mich die traurige Stimmung nicht los. Die tiefe Sehnsucht nach einem Partner für mein Leben bestimmte schon wieder meine Gedanken auf meinem Weg und ich weinte viel unterwegs, wenn niemand weit und breit zu sehen war. Eine innere Stimme in meinem Kopf bat den Camino inständig darum und ließ sich durch keine anderen Gedankenthemen vertreiben. Ich wollte aufhören, daran zu denken, aber es gelang mir nicht. Ein mir fremder älterer Mann überholte mich unterwegs, klopfte mir im Vorbeigehen schweigend mitleidhaft tröstend auf eine meiner Schultern, schenk-te mir tröstlich zwei Bonbons, lächelte mir aufmunternd zu und wünschte mir noch einen „Buen Camino!".

Bei einer meiner später eingelegten Pausen begegnete mir dann auch noch plötzlich eine mir unbekannte Spanierin, die Deutsch sprach. Nachdem sie mich ein wenig aus der Distanz beobachtet hatte, kam sie auf mich zu und sprach mich selbstbewusst an, um mich zu fragen, wo ich denn genau die Schmerzen hätte. Ihr war mein Humpeln aufgefallen, welches offenbar für niemanden mehr zu übersehen war. Ich sagte ihr, meine Schmerzen seien zuvor, quasi auf der ersten Hälfte meiner Wanderung, im rechten Fuß gewesen und würden nun, nämlich seit León, meinem linken Fuß betreffen. Ihre erklärende Antwort auf meine ungestellte Frage war, dass der Schmerz im rechten Fuß vorbei sei und dies bedeute, dass meine Entscheidungen bezüglich zu Hause getroffen seien. Von welchen meiner angeblich getroffenen Entscheidungen sie sprach, wusste ich nicht. Der akute Schmerz in meinem linken Fuß würde aktuell mein Herz betreffen. Ich solle für mich Klarheit finden, sobald es mir möglich sei. Zudem würden die Schmerzen in meinem linken Fuß bedeuten, dass ich mir zu viele Gedanken machen würde. Sie sah mir mit einem klaren Blick in die Augen und setzte umgehend im Anschluss an ihre an mich gemachte Weissagung ihren eigenen Weg auf dem Jakobsweg fort.

Ich blieb noch eine Weile irritiert und verblüfft zugleich sitzen. Ihre Worte klangen in meinem Kopf nach, bevor auch ich meinen heutigen Weg von sechsundzwanzig Kilometern angestrengt weiterging. Das Wetter war mild, warm und angenehm und ich konnte auf meinem Weg erstmals sogar vereinzelt Palmen und Bananenstauden ausmachen und fühlte mich ein wenig an Urlaub erinnert. Sogar Kakteen ließen sich hier und da blicken und auch Eukalyptusbäume waren heute unterwegs wieder vertreten. Am Ende dieser Etappe, die ich schneckig langsam spät erreichte, ging es mühsam bergauf und ich erreichte den hübsch gelegenen Ort Ribadiso da Baixo. In einer ansehnlichen Herberge kam ich erleichtert für nur drei Euro pro Nacht unter. Am Abend setzte sich ein Marcos aus Valencia freiwillig und von alleine zu mir zum Essen und erzählte mir, er gehe den Camino für seine Tochter und seine Frau, die verstorben seien. Seine Aussage trübte die Kommunikation beim Essen ein wenig und er tat mir sehr leid.

Samstag, 10.10.2009

Einunddreißigste Etappe: Ribadiso de Baixo – Santa Irene (19,6 km)

In der Pilgerherberge wimmelte es nur so von Spaniern an diesem Morgen. Sämtliche, zumeist junge Spanier, die in der Herberge genächtigt hatten, starteten heute in ausgelassener Stimmung in den Morgen. Sie nahmen keine Rücksicht auf die müden, seit Wochen pilgernden Mitschläfer der Herberge. Ihre Wecker ließen sie ab sechs Uhr bimmeln und piepen, schonungslos wurde das Licht angemacht, laut und lachend wurde sich unterhalten und gemächlich aufgestanden. Ihre kleinen Täschchen für die meist flüssige Verpflegung des Tages wurden laut raschelnd in stoischer Ruhe zusammengepackt. Ohne ein Gespür dafür zu zeigen, dass sie eigentlich nicht alleine hier waren oder sich achtsam den erschöpften Pilgern gegenüber zu zeigen. Erst als sie im Begriff waren, sich ohne irgendwelche körperlichen Verwundungen und ohne Gepäck, da dieses ja für sie transportiert wurde, singend auf ihren Tagesausflug und auf den Weg zu machen, kehrte in der Unterkunft die eigentliche allmorgendliche leise Ruhe, im meist respektvollen Umgang mit den anderen Pilgern zurück.

Genervt stand ich, nachdem ich mit Mühe bis etwa acht Uhr versucht hatte, noch ein wenig Schlaf zu finden, auf und ging in ein einladendes Restaurant nebenan, um ein Frühstück einzunehmen. Der Wetterbericht hatte für heute Sonne angekündigt. Dies sollte sich leider ein weiteres Mal nicht bestätigen. Gegen acht Uhr dreißig lief ich, vom Gefühl her verspätet, in warmem Regen los. Meine Füße waren heute endlich mal wieder besser und wollten mich freiwillig tragen. Langsam, aber stetig ging ich durch wunderschöne Eukalyptuswälder, entdeckte sehr große Farne am Weg und erfreute mich an dicht gewachsenen Eichenbäumen. Der Camino verlief heute mal ein wenig aufwärts und mal ein wenig abwärts und es gab so manch einsame Pfade zwischendurch. Eine insgesamt schöne Etappe mit reichlich ansehnlicher Natur. Mit Hendrike aus den Niederlanden tauschte ich mich unterwegs immer mal wieder per SMS aus. Sie war heute alleine weitergegangen und war mit ihren großen schnellen Schritten längst weit vor mir und weg. Ich begegnete heute noch einmal kurz Christian aus Österreich. Sein heutiges Ziel war wie für mich, auch die Ortschaft Santa Irene, jedoch steuerte er dort eine andere Herberge als Ziel an.

Meine für diese Nacht ausgewählte Pilgerherberge stellte sich nach neunzehn Kilometern und sechshundert gelaufenen Metern als äußerst öde heraus – still und direkt an einer einsamen Straße von der einen Seite und einem Wald von der anderen Seite gelegen. Fast schon unheimlich. Die Pilger, die hier nächtigen, waren allesamt leise Gesellen. Das Licht in den Räumen war nicht einladend, eher unwirklich grell und ich freute mich bereits nach meiner Ankunft darauf, diesen Ort am frühen Morgen wieder verlassen zu können.

Um etwas zum Abendessen zu bekommen, musste ich noch einmal einen Kilometer in ein entferntes Lokal gehen. Dort hatte ich zu meiner Überraschung ein sehr anregendes und nettes Gespräch mit einem sympathischen älteren Paar namens Werner und Simone aus Mecklenburg. *Auf meinem Rückweg zurück zu meiner Herberge bekam ich überraschend von einem Radfahrer Blumen geschenkt. Ein Moment, der mir wieder ein Lächeln auf die Lippen gezaubert hatte und mir bewusstmachte, dass ich im Grunde einfach auf dem richtigen Weg war, nämlich dem Jakobsweg, dem derzeit richtigen Weg für mich!* Zufrieden mit dem geschafften Tag versuchte ich, früh in den Schlaf zu finden. Leider begannen meine Füße massiv zu jucken, was einen Allergieschub erahnen ließ. Vielleicht ist in dem Essen am Abend Soja gewesen, dachte ich bei mir. Aber dies würde ich nicht mehr klären können und nicht mehr erfahren, stellte ich genervt fest. Eine meiner Antiallergietabletten half in diesem Fall und brachte mir Erleichterung. Dennoch fand ich am Ende dieses Tages eher schlecht als recht Schlaf.

Sonntag, 11.10.2009

Zweiunddreißigste Etappe: Santa Irene – Monte do Gozo (19 km)

Es herrschte draußen noch tiefes Dunkel, als ich zunächst alleine um acht Uhr morgens bei ungemütlichem Nieselregen die Herberge verließ und losging. Der Jakobsweg führte unmittelbar nach der Herberge direkt hinein in einen düsteren Wald. Es fühlte sich unheimlich an, dort herzugehen. Zu meinem Glück traf ich zeitgleich auf eine andere, mir unbekannte Frau. Die uns umhüllende schwarze Dunkelheit ließ uns ohne Worte verbündet zusammen bleiben beim Laufen. Wir wechselten über die Zeit nur wenige Worte, blieben aber stumm verbunden stets nahe beieinander beim Gehen. Das Laufen ging für mich bereits nach einer Stunde sehr schleppend und schlecht. Kaum war es hell geworden, als wir beide den Wald hinter uns gelassen hatten, trennten wir uns wieder. Jede wünschte der anderen einen „Buen Camino!", dann lief ich wieder nur für mich, in meinem Schneckenrhythmus und mit mir und meinen stillen Gedanken. Das Wetter klärte sich zur Mittagszeit hin, zunehmend auf und die Sonne arbeitete sich Stunde um Stunde mehr durch die Wolken.

Da heute, falls nichts Unerwartetes mehr dazwischenkam, mein letzter Tag vor der Ankunft in Santiago de Compostela war, gab es viele gedankliche Rückblicke an Gewesenes, an Menschen und Begegnungen, an Stimmungen. Ab meinem heutigen Etappenendziel würden es morgen nur noch ganze fünf Kilometer sein bis zum Endziel. Wehmut, aber auch Zufriedenheit und Stolz machten sich in mir breit und schufen mit jedem Schritt mehr Zuversicht, es schaffen zu können. Fragen, immer gleiche und teils neue, stellten sich.

Am frühen Nachmittag erreichte ich nach neunzehn Kilometern den riesigen Herbergskomplex in Monte do Gozo. Eine hässliche und gruselig anmutende Anlage, die aus Hotels, Jugendherberge und Campingplatz bestand und insgesamt an die zweitausend Schlafplätze, meist Doppelhochbetten in Zimmern mit acht Betten für Pilger und Familien bereithielt. Diese Herberge war, zumindest für mich, die größte am Weg und der größte Herbergskomplex, den ich je in meinem Leben gesehen hatte. Für mich fühlte sich dieser Betonbau ohne architektonischen Stil und Charakter wie die Räumlichkeiten einer alten muffigen Schulturnhalle an und so roch es in seinem Inneren auch. Hunderte von Pilgern aus sämtlichen Nationen verweilten hier die letzte Nacht vor der bevorstehenden Ankunft in Santiago de Compostela. Es gab große Waschräume, eine Erste-Hilfe-Station, diverse Verkaufsstände, ein Selfservice-Restaurant und anderes mehr. Diese Schlafstätte erschlug mich zunächst alleine durch ihre Größe und durch die Massen an Menschen, die hier plötzlich herumliefen wie auf einem Messegelände. Wo kamen die alle her, fragte ich mich.

Nachdem ich ein Bett zugewiesen bekommen hatte, nutzte ich die Zeit, nahm mir die Ruhe und wusch nach fast fünf Wochen das zweite Mal meine Kleidungsstücke in einer Waschmaschine. Leider vergaß ich beim Trockner den Knopf zu drücken, so dass ich am Ende zweimal zwanzig Minuten warten musste. Ich setzte mich am Nachmittag auf einer Wiese in die Sonne und sog die wohltuende Wärme auf und bereitete mich mental auf die morgige Ankunft in Santiago de Compostela vor. So schien es vielen hier wie mir zu gehen. Menschen, die ich beobachten konnte, die hier verweilten, ließen eine fröhliche Atmosphäre aufkommen, die ein wenig der Stimmung auf einem Konzertfestival glich. Einige hatten sich in kleinen Gruppen zusammengesetzt. Manche sangen Lieder, andere machten einen nachdenklichen Eindruck auf mich. Überall hatten sich Pilger wie ich, in die Sonne gesetzt oder gelegt und obwohl alles hier riesig groß war, überall blanker grauer Beton das Bild bestimmte, nichts wirklich Schönes oder Buntes sehend zu finden war, war es nicht unangenehm laut, in dieser Massenunterkunft. Viele schienen in sich gekehrt und ich war mir sicher, dass sie ebenfalls versuchten sich die morgige Ankunft in Santiago vorzustellen. Denn die Gewissheit lag für alle in der Luft, am morgigen Tag für die Strapazen des Weges mit dem Blick auf die Pilgerstadt und auf die Kathedrale belohnt zu werden.

Es war für mich wirklich ein merkwürdiges Gefühl, zu wissen und vor allem zu verstehen und erst recht zu begreifen, dass eigentlich nun nichts mehr dazwischenkommen konnte – es sei denn, ich würde auf diesem allerletzten Weg noch überfahren werden oder Ähnliches. Abends ging ich in dem Selbstbedienungslokal mit einem auf mich äußerst freundlich wirkenden, offenen niederländischen Paar, das ich spontan kennen gelernt hatte, etwas essen. Mein Fuß machte mir zwar Sorgen, aber ich freute mich aufgeregt auf das Ziel und auf Santiago de Compostela und war so dermaßen gespannt auf dem Platz der Kathedrale einzulaufen und anzukommen.

Montag, 12.10.2009

Dreiunddreißigste Etappe: Monte do Gozo – Santiago de Compostela (5 km)

Um acht Uhr morgens machte ich mich mit dem Sonnenaufgang auf den Weg in Richtung Santiago de Compostela, einem der weltweit bemerkenswertesten Pilgerziele der Christen. Es war die für mich auf diesem Weg zumindest lauftechnisch nun allerletzte Etappe. Die letzten fünf Kilometer in das Stadtgebiet von Santiago lief ich bei klarem Himmel und warmem Morgenlicht. Es war, als würde ich ein letztes Mal belohnt werden, alleine durch die Leichtigkeit des Wetters und der letzten, für mich zu bewältigenden, Strecke. Bedächtig setzte ich jeden meiner Schritte, um am Ende nicht womöglich doch noch fatalerweise zweihundert Meter vor der Kathedrale mit meinem angeschlagenen linken Fuß zu scheitern. Die Luft war angenehm mild und wohltuend wärmend heute. Beide Füße schmerzten. So viele Wochen und Male hatte ich versucht mir vorzustellen, wie es sein würde, endlich in Santiago de Compostela einzulaufen. Nun würde ich es bald wissen.

Das letzte Stück des Weges war wieder bestückt mit kräftigen und wohlriechenden Eukalyptusbäumen und führte mich mit eindeutigen Zeichen die letzten ein bis zwei Kilometer in die Altstadt. Auf dem Weg sah ich hoch über mir und dem Weg, wie verschiedenste getragene Schuhe, festgebunden an Stromleitungen hingen, unter denen ich glücklich hinaufschauend herlief. Ich orientierte und vergewisserte mich kurz über die Namen der Straßen und gelangte schließlich, auf der nach den Jakobsmuschelverkäufern die früher hier ihre Muscheln verkauft hatten benannten Straße Rúa dos Concheiros, zur Pforte der Altstadt, der Porta do Camiño. Für diesen besonderen letzten Gang hatte ich mir heute meinen I-Pod aus dem Rucksack gekramt und mir nach langer Zeit mal wieder Musik auf die Ohren gelegt. Die Musik wurde mir zufällig und vollkommen durcheinander von dem Gerät abgespielt. Dies hatte ich zuvor so festgelegt. Ich war gespannt, welches Lied mich begleiten sollte, während ich auf dem Platz ankommen würde. Von nun an hätte man den Jakobsweg für sich nun auch nicht mehr verfehlen können, da sämtliche Pilger einem unbewusst den Weg wiesen. Während ich mich mit meinen letzten Etappenschritten dem Ende näherte, spielte mein Musikgerät Musik von Vangelis ab – „Conquest of Paradise". Was für ein erhabener Augenblick. Und dies mit solch einem heroischen Lied. Es war der reinste Wahnsinn, der sich in meinem Inneren abspielte und durch die Musikbegleitung geriet ich gefühlstechnisch völlig aus dem Häuschen. Durch einen steinernen Torbogen folgte ich schließlich dem Jakobsweg, ging die Stufen einer Treppe abwärts und bog direkt auf die Plaza do Obradoiro, dem beeindruckenden, großen, weitläufigen Platz vor der dreischiffigen Catedral de Santiago de Compostela ein, wo mein Weg in diesem Moment nun sein Ende fand. Bei meiner Ankunft schlugen die Uhren tatsächlich neun Uhr dreißig. Es war Freitag, der 12. Oktober im Jahr 2009 und die Glocken der riesigen Kathedrale fingen laut an zu läuten und lösten bei mir eine Gänsehaut aus. Es war für mich ein unbeschreibliches Gefühl und vollkommen surreal in diesem Moment.

Ich ließ mich erst einmal auf eine der Steinbänke auf dem Platz vor der Kathedrale nieder, setzte den Rucksack ab und ließ alles auf mich wirken. Als ich meinen ersten Schritt auf den Platz gesetzt hatte, war der nahezu leer gewesen. Nun, als ich auf der Steinbank saß und in die Richtung schaute, von wo der Weg auf den Platz führte, da sah ich sie alle, die Pilger. Nach und nach kamen sie durch das steinerne Tor, die Treppe herunter auf dem Camino und bogen um die Ecke auf den Platz. Der Jakobsweg führte sie vollkommen selbstverständlich direkt zur Kathedrale, da er hier endete. Die Pilger, die alle mit mir so viele Wochen unterwegs gewesen waren, teils viel länger als ich es gewesen war. Sie lachten und schrien, sprangen und fielen sich in die Arme und die Erleichterung über die Ankunft erfüllte die gesamte Atmosphäre mit einer positiven Energie. Manche setzten sich einfach nur auf den steinernen Boden dieses riesigen Platzes, schauten auf die vor ihnen dominierend stehende riesige Frontseite der Kathedrale, manche legten sich auf die Steine des Platzbodens und streckten alle Viere von sich, andere rannten die Stufen zu dem Eingang der Kathedrale hinauf und schrien von oben herab. Mir schien, dass in diesem Moment bei allen die Blasen, der eigene Köpermief, die Erschöpfung oder sämtliche zuvor gehegte Zweifel vergessen waren.

Das war alles derart verrückt anzusehen und sorgte bei mir für eine besondere Art der Gerührtheit. Dabei war ich selbst ja eigentlich ein Teil des Geschehens. Allerdings schien ich diese Momente wie aus einem Glas heraus wahrzunehmen. Tränen der Erleichterung, durch die Gewissheit der Ankunft, liefen mir die Wangen herunter. Auf dem Kirchplatz befand sich, in den Boden eingelassen, der

Kilometerstein „Null". Er stand für die Ankunft und das Ende des Pilgerweges. Hier galt es, als erstes Ankunftsritual, darüber zu gehen. Ein jeder hüpfte gar tänzelnd freudig über diese Markierung. Weitere Ankunftsrituale sollten später noch folgen. Als die meisten Pilger sich langsam wieder beruhigt hatten, schleppten sich sämtliche von ihnen, inklusive mir, erst einmal zu dem Pilgerbüro in der Touristeninformation, um ihre verdiente Compostela-Urkunde abzuholen. Nachdem ich meine beiden mit unterschiedlichsten und teils wirklich schön aussehenden Stempeln gefüllten Nachweisheftchen vorgelegt hatte, bekam ich meine Urkunde ausgehändigt und es war ein unbeschreiblich gutes Gefühl für mich, fast schon ein wenig erhaben, es geschafft zu haben. Besonders, da ich einfach nicht zu den Sportskanonen zählte, übergewichtig war und mich sonst auch nicht irgendwie besonders berufen gefühlt hatte.

Als ich mit meinem schönen Dokument aus dem Büro kam, lief ich geradewegs direkt in einen Kameramann. Dieser verfolgte mich einige Minuten lang durch die Gassen. Ich lief unangenehm berührt vor ihm weg, was mit den schmerzenden Füßen nicht so einfach war. Ich hoffte in diesem Moment, dass Spanien mich an diesem Abend nicht als angestrengt flüchtende Pilgerin über den Bildschirm würde laufen sehen. Schnell gelang es mir, ein Pensionszimmerchen für zwanzig Euro in der Nähe der Kathedrale zu ergattern. Dort machte ich mich im Rahmen meiner Möglichkeiten ein wenig „frisch". Ich zog ein langärmeliges rosa Baumwollshirt an, das all die Wochen am Boden meines Rucksackes auf seinen Einsatz für genau diesen Tag gewartet hatte. Nämlich einzig für den Besuch in der Kathedrale und für die besondere Messe. Gegen elf Uhr ging ich langsam und noch etwas in Trance los zu diesem besonderen Gottesdienst. Alltäglich fand in der Kathedrale um zwölf Uhr eine Pilgermesse für die neu angekommenen Pilger statt. Ich empfand es nach meiner Ankunft quasi als meine Pflicht, dorthin zu gehen. Schließlich war ich zutiefst dankbar. Dankbar für das Erlebte, für die verschiedensten menschlichen Begegnungen, für die Hilfe des Caminos, die er mir immer wieder hatte zuteilwerden lassen, für mein Durchhalten und letztlich einfach für die Tatsache, dass ich dabei sein durfte.

Im begehrten Gotteshaus angekommen, fand ich ein Plätzchen inmitten der Holzbänke zwischen vielen Erschöpften, aber Glückseligen und schaute um mich herum in viele glasig tränige Augenpaare. Eine Nonne sang herzzerreißend und lieblich. Ihre glasklare Stimme erfüllte wohlklingend den gesamten Kirchenraum und ich musste erneut weinen während der Zeremonie. Wie ich beobachten konnte, erging es den meisten Pilgern ebenso. In diesem Moment fiel alles von mir ab und langsam begriff ich, dass ich es wirklich hinter mir hatte. Ich, die mollige Frau aus dem Ruhrgebiet, hatte mich am Ende durchgebissen und den Weg gemeistert. Bei dem Gesang der Nonne und der ergreifenden Atmosphäre wurden in diesen Augenblicken auch die härtesten Männer und „Ungläubigen" weich.

Da zufällig Feiertag war, kam ich in den Genuss, das Spektakel zu beobachten, wie zum Ende der Messe das sogenannte „Botafumeiro", ein großes, fünfzig Kilogramm schweres Weihrauchgefäß, an einem etwa dreißig Meter langen Tau durch das Querschiff des fast einhundert Meter langen Innenraumes der Kathedrale geschwungen wurde. Zuvor hatte ich gelesen, dass das Pendel schon zweimal über das Ziel hinausgeschossen war. Aber anscheinend hatte es zum Glück noch keine Toten gegeben. Bekäme jemand dieses Monstrum vor den Schädel, wäre dieser sicherlich augenblicklich tot, dachte ich ehrfürchtig bei mir und bestaunte respektvoll den weiten Schwung, den der silberfarbene Messingkessel über den Köpfen der Anwesenden in großem Radius zog. In jedem Fall amüsierten sich die Kirchenmänner vorne im Kirchenraum köstlich über das Prozedere und strahlten wie Honigkuchenpferde. Dieser große Weihrauchschwenker wurde übrigens ursprünglich erfunden und eingesetzt, um den Mief der angekommenen Pilger zu übertünchen. Dank inzwischen erfundener Deodorants war das wohl heute nicht mehr so notwendig. Dies besondere Pendel findet jedoch nur noch zu ausgewählten Anlässen seinen Einsatz, wie an diesem Tage und somit mal wieder mein Glück. Ich war äußerst froh darüber, dass ich das Spektakel mit dem besonderen Weihrauchfass hatte erleben dürfen.

Die Pilgermesse dauerte insgesamt etwa eine Stunde. Nun musste ich noch zwei weitere Ankunftsrituale durchführen. Ich ging bedächtig durch die Kirchenhalle zur Portico de la Gloria, einer Säule. Vor ihr verbeugte ich mich, lehnte meine Stirn an sie und berührte mit meiner rechten Hand eine Mulde, die durch die sämtlichen Berührungen vieler tausender Pilger vor mir abgenutzt war wie ein von Wasser ausgehöhlter Stein. Meine Hand legte ich für einen Moment in die entstandene ganz glatte Vertiefung und sprach für mich nochmals im Stillen meinen tiefen Dank aus. Anschließend bahnte ich mir meinen Weg in den vorderen Bereich der Kathedrale und zum Hochaltar über dem Grab des Heiligen Jakobus. Unter selbigem liegen angeblich seine sterblichen Überreste in einer Krypta. Am Altar selbst erwartete mich die mit Edelsteinen, Gold und Silber reich verzierte Jakobsfigur. Als drittes Ankunftsritual galt es, über die Stufen einer Treppe hinauf zur Jakobstatue zu gehen und die Heiligenfigur von hinten zu umarmen und bei Bedarf auch zu küssen. Ich tat, wie mir als Pilger geheißen und umarmte ihn von hinten. Das Küssen überließ ich anderen. Dabei dankte ich ihm abermals für die Kraft, die er mir für den Camino hatte zukommen lassen und bat ihn nochmals darum, meinen sehnlichsten Wunsch zu erfüllen, nicht mehr alleine durch das Leben gehen zu müssen.

Damit war im Grunde in diesen Momenten meine Pilgerreise beendet.

Nach der Messe aß ich spontan mit zwei jungen Frauen aus Süddeutschland zu Mittag. Wir gönnten uns ein Menü für acht Euro. Leider war das Essen grottenschlecht und das Gefühl des sich etwas Gönnens ging in Enttäuschung und in stillen Ärger über, dass ich mir nicht einfach bei einem Bäcker etwas zu essen geholt hatte. Anschließend besuchte ich noch ein weiteres Mal und später sogar noch ein drittes Mal das Gotteshaus. Am Nachmittag hielt ich meine kleine Siesta in meinem Zimmerchen, bevor ich mich den Rest des Tages immer wieder mit verschiedenen Pilgern traf, die ich irgendwie und irgendwann einmal gesehen oder getroffen und kennen gelernt hatte. Alle gratulierten sich gegenseitig und ich bekam immer wieder Lob für mein Durchhaltevermögen. Es war ihnen nicht entgangen, wie ich die letzten einhundert Kilometer nur noch humpelnd unterwegs gewesen war. Zudem begrüßten mich sämtliche Deutsche fröhlich mit dem Satz: „Die Camino-Schnecke hat es auch geschafft!"

In meiner Pension traf ich zufällig zwei Frauen, die ich zwei Tage zuvor auf dem Jakobsweg kennen gelernt hatte, wieder. Wir verabredeten uns für zwanzig Uhr dreißig vor der Kathedrale und gingen am Abend gemeinsam essen. Ich schrieb vorher noch in Ruhe in einem Café fünf Postkarten an mein damaliges Kollegium und an mir liebe Menschen und schickte diese auch direkt im Anschluss ab. Der Abend mit Birgit und Ingeborg aus Lippstadt bei Paderborn war angenehm und kurzweilig. In dieser Nacht schlief ich gut und tief.

Dienstag, 13.10.2009

Santiago de Compostela – Cee

Als Erstes schlief ich heute richtig aus. Per SMS verabredete ich
mich mit Mathilde und Kristi-an aus Dänemark. Um dreizehn Uhr
nahm ich den Bus nach Cee, einem kleinen Ort, zwischen Santiago
de Compostela und dem Kap Finisterre. Eine Art letzte Jakobs-
wegverlängerung führte von Santiago aus über Cee bis zum Atlantik. Meine Dänen waren nach ihrer Ankunft in Santiago weiter nach
Cee gewandert. Ich nahm den Bus. Die Fahrt dorthin dauerte zwei-
einhalb Stunden. Mein dänisches Pärchen wartete am frühen Nachmittag bereits an der Bushaltestelle auf mich, um mich abzuholen.
Unser Wiedersehen war warmherzig und freundschaftlich. Sie hatten in einer kleinen Pension ein tolles Zimmer für sich selbst und
auch für mich gefunden und reserviert. Als Erstes gingen wir unser
geliebtes erfrischendes Clara trinken, aßen etwas und machten am
späten Nachmittag mit Wein, Nüssen und Oliven eine Art Picknick
am Meer. Das Beisammensein war wirklich vertraut und entspannt.
Mein Fuß schmerzte noch immer, aber ich hätte diesen gemeinsamen Tag mit den beiden nicht missen wollen.

In der Pension hingen zwischendurch lilafarbene Kleidungsstücke
an einer Wäscheleine und für einen Moment war ich mir sicher,
dass die Sachen von Cathrina aus Berlin sein müssten, denn sie
liebte die Farbe Lila. Ich konnte sie aber leider nirgends entdecken
und so dachte ich, dass ich mich wohl täuschte. Am Abend suchten
wir lange nach einem Lokal und endeten schließlich in einem Car-
refour-Supermarkt, bei Pizza und Bier in einem zum Geschäft gehörigen Restaurant. Es war wunderbar, die hiesige salzige, vom
Meer gespeiste Luft wahrzunehmen. Das Salz lag regelrecht in der
Luft und ließ sich auf der Zunge schmecken. In dieser Nacht

schlief ich ruhig und gut. Schließlich hatte ich mein Dänenteam wieder bei mir. Was sollte mir da passieren.

Mittwoch, 14.10.2009

Cee – Kap Finisterre – Santiago de Compostela

Als ich aufwachte und mich fertig machte, waren Mathilde und Kristian bereits zu Fuß auf dem Weg von Cee zum Kap Finisterre im Nordwesten Spaniens. Übersetzt bedeutete Finisterre „Ende der Welt". Ich hüpfte glücklich in meine Klamotten, schnappte meine Sachen und nahm um zehn Uhr einen Bus zum Kap Finisterre, dem gleichzeitig endgültigen und absoluten Ende des Camino. Dort angekommen, am Rande der Westküste Galiciens, gönnte ich mir erst einmal ein Frühstück in einem Café. Mit frisch gepresstem Orangensaft, einem Café con leche und einem Becher

Joghurt mit frischen Früchten saß ich direkt am Meer und schrieb von dieser Jakobswegreise meine letzten Postkarten.

Bald darauf kamen Mathilde und Kristian bereits nach ihrer vorletzten Laufetappe an. Sie setzten sich zu mir und aßen ebenfalls eine Kleinigkeit. Schließlich machten wir uns gemeinsam auf den Weg, die letzten zwei Kilometer vom Jakobsweg zu gehen. Unser letzter Laufweg führte bis an die Südspitze einer kleinen Halbinsel, die fingergleich ins Wasser ragte, hinauf zum Kap auf 247 Meter und bis an das Meer, den Atlantischen Ozean. Es ging noch einmal ein wenig bergauf und ich kam ein letztes Mal bei strahlendem Sonnenschein und frischem Steilküstenwind ins Schwitzen. Aber der uns dort erwartende Blick auf das Kap Finisterre und den offenen, vor uns liegenden Atlantik, bei guten siebenundzwanzig Grad und heller Sonne, die alles überstrahlte, belohnte umgehend für diese letzte Anstrengung.

Das Kap Finisterre zählt seit dem Jahr 2007 zum Europäischen Kulturerbe. Die Menschen haben früher geglaubt, dass sich an dieser Stelle das Ende der Welt befände. Weiter gehe es ab hier nicht, dachten sie damals. Gleichzeitig wurde sie als ein magischer Ort empfunden, an dem verschiedene Rituale abgehalten wurden, zum Beispiel in Bezug auf die besonderen Sonnenuntergänge. Es gab dort für die Schifffahrt einen gut fünfzehn Meter hohen Leuchtturm und unterhalb selbigem eine Feuerstelle. Das Pilgerritual besagte, dass man unterhalb dieses Turmes seine Kleidung oder einen Teil davon verbrennen sollte. Und zwar die Kleidungsstücke, die man zuvor auf der Pilgerreise getragen hatte. Kristian kaufte uns ein Feuerzeug, wir tranken noch einmal ein erfrischendes Clara und wurden uns endgültig bewusst darüber, dass gleich das Verbrennungsritual folgen sollte, welches das ultimative Ende der Pilgerreise dar-stellte und bedeutete. Dann gingen wir fröhlich, fast sogar ein wenig wehmütig, gemeinsam zu der Feuerstelle unterhalb des Leuchtturmes am Kap. Ich verbrannte ein Paar Socken, eine Unterbuxe und meine geliebte graue, leichte, ultrabequeme Baumwollbluse, die ich jeden Tag auf dem Camino getragen hatte. Es fiel mir nicht leicht, mich von ihr zu trennen und sie im wahrsten Sinne des Wortes in Asche aufgehen zu sehen. Aber die Bluse hatte inzwischen durchgescheuerte Löcher im Stoff und war vollkommen am Ende und im realen Alltagsleben nicht mehr tragbar. Kristian verbrannte zwei seiner T-Shirts. Wir hielten fotografisch das Ritual fest und einige Leute blieben entfernt stehen und schauten uns bei unserem Treiben zu. Es hatte zuvor etwas gedauert, bis es uns gelungen war, das Feuer zu entfachen, da es hier am Kap äußerst windig war.

Das Ritual sah eigentlich vor, im Anschluss an das Verbrennen der Pilgerkleidung nackt ein Bad im Atlantik zu nehmen. Vielleicht sollte man das Bad auch vorher schon nehmen? Da war ich mir nicht mehr sicher. Damit würde man dann wirklich die allerletzten verbliebenen Restsünden von seinem Körper abwaschen und wie neu geboren, zu einem neuen Menschen, quasi mit getilgtem und neu angelegtem Sündenkonto aus dem Wasser steigen. Das Bad im Ozean nahmen wir nicht. Unterhalb des Kaps war es viel zu gefährlich und wenn überhaupt nur Hartgesottenen möglich, die sich dort auskannten, ins Wasser zu gehen und für Pilgerlaien wie uns nicht geeignet. Für ein sündenreinigendes Ritualbad hätten wir einen Strand in ein paar Kilometern Nähe aufsuchen müssen. Dafür war es uns schlicht und ergreifend viel zu kalt.

Entlang der Straße liefen wir anschließend zurück zum Ort. Wir aßen dort noch eine Kleinigkeit, als plötzlich, wie aus dem Nichts, Cathrina aus Berlin neben mir stand und mich freundschaftlich und ganz warmherzig umarmte. Ich war vollkommen perplex in diesem

Moment und wollte kaum meinen Augen trauen. Freute ich mich doch sehr, sie zu sehen. Gleichzeitig war ich aber unsicher, ob sie vielleicht sauer auf mich war. Sie hatte vor, am kommenden Tag, wieder mit dem Bus vom Kap Finisterre zurück nach Santiago de Compostela zu fahren. Wir verabredeten uns für den nächsten Abend in der Pilgerstadt auf ein Glas Wein. Mit Kristian und Mathilde nahm ich eine Viertelstunde vor siebzehn Uhr am Nachmittag den Bus zurück nach Santiago. Drei Stunden dauerte die Rückfahrt mit dem Bus. Gegen zwanzig Uhr kamen wir endlich müde dort an. Ich fand mit Mathilde noch ein spitzensauberes Zimmer für mich für dreiundzwanzig Euro pro Nacht. Nach einer schnellen Dusche trafen wir drei uns erneut wieder und gingen am Nebenplatz der Kathedrale für sieben Euro essen.

Die Stunden am Meer waren erholsam gewesen. Es hatte gutgetan, nach so langen Wochen des Laufens den weiten Ozean zu sehen und sein Salzwasser in der Luft zu riechen. Immerzu musste ich an Cathrina denken. Wir luden sie per SMS für den nächsten Abend ein, mit uns und Hendrike zu Abend zu essen. Später verabredeten Cathrina und ich uns mit Hilfe unserer Mobiltelefone sogar noch, dass wir uns in folgender Nacht, also am nächsten Tag, ein Zimmer teilen würden. Der Abend mit Mathilde und Kristian war schön, kurzweilig, entspannend und lustig. Ich genoss jeden Augenblick mit den beiden. Und ich hoffte, Cathrina und ich hätten uns nicht verloren. Ich mochte sie von Herzen gerne. Als ich spät abends in meinem Bett lag und die Gedanken zufrieden durch meinen Kopf schwirrten, dachte ich, dass ich zu Cathrina gerne eine Freundschaft aufbauen würde.

Donnerstag, 15.10.2009

Santiago de Compostela

Am Morgen war ich mit meinem dänischen Pärchen zum Frühstück verabredet. Den ganzen Tag über trennten wir uns immer mal wieder und trafen dann doch irgendwo wieder aufeinander. Am Abend stand zufällig plötzlich wieder Cathrina vor uns. Sie war gerade mit dem Bus vom Kap Finisterre zurückgekommen. Ich brachte sie zu der Pension und zeigte ihr unser Zimmer. Wir quatschten direkt los und es tat mir so gut. Die Zeit, die eine jede von uns ohne die andere alleine, verbracht hatte, hatte uns letztlich freundschaftlich nicht voneinander entfernt, sondern hatte uns letztlich mehr zusammengeführt. Dies sollten wir aber erst jetzt, im Nachhinein, miteinander verstehen und begreifen, nach unserer Wiedervereinigung in Santiago. Der Camino hatte es definitiv so gewollt, dass wir beide uns wiedertrafen.

Um neunzehn Uhr waren wir verabredet mit Hendrike aus den Niederlanden. Während Cathrina das Bedürfnis hatte, noch ein wenig shoppen zu gehen, gingen wir zunächst mit dem dänischen Pärchen in einen nahen Park. Von dort aus hatte man einen besonders einmaligen Blick auf die Kathedrale von Santiago de Compostela und auf ihre beeindruckenden Türme. Zum Sonnenuntergang machten wir viele Fotos. Wir waren alle noch immer ergriffen beim Anblick der Türme des Gotteshauses, die jedem von uns zunehmend begreifbar machte, dass wir den Weg geschafft hatten und den Camino hinter uns gelassen hatten, mit all seinen Erlebnissen und Gefühlen. Später gingen wir essen, alle gemeinsam. Cathrina war in der Zwischenzeit wieder zu uns gestoßen. Es gab ein Menü für zehn Euro pro Person. Anschließend besuchten wir noch eine Bar auf dem großen Platz neben der Kathedrale und tranken noch etwas zusammen. Es war gesellig und harmonisch. Da waren die mir wichtigsten Menschen des Caminos für mich mit mir an einem Tisch am selben Abend. Mit ihnen noch einmal zusammen gegessen zu haben, war toll und unvergesslich gewesen.

Mathilde und Kristian verabschiedeten sich recht früh, weil sie am kommenden Morgen zeitig aufstehen wollten, da sie zum Flughafen mussten, um zurück nach Dänemark zu fliegen. Es war also ihr letzter Abend in Spanien, nicht nur am Jakobsweg und unser allerletzter gemeinsamer Abend gewesen. Ich hatte ihnen Schokolade und eine von mir geschriebene Karte zum Abschied geschenkt. Der Abschied fiel mir schwer und als sie weg waren, kullerten mir ein paar Tränen aus den Augen. Cathrina, Hendrike und ich blieben noch eine weitere Stunde sitzen und tranken noch etwas. Nachdem Cathrina und ich uns auch von Hendrike verabschiedet hatten und eigentlich schon auf dem Weg zur Pension waren, entschieden wir uns spontan, noch ein letztes Glas Wein trinken zu gehen. Daraus wurden mindestens zwei Gläser und lustige, gelöste letzte gemeinsame Stunden. Cathrina machte mir ein kleines Abschiedsgeschenk. Sie schrieb mir eine Karte vom Kap Finisterre und schenkte mir einen bunten Armreifen. Ich freute mich sehr darüber, war angetan und gerührt und bedankte mich für diese schöne gelungene Überraschung. An diesem Abend steckte ich Cathrina, als sie kurz die Toilette besuchte, noch ein kleines Armband in ihren Rucksack, was mir irgendwann am Tag über den Weg gekommen war und bei dem ich das Gefühl hatte, es würde gut zu ihr passen und ihr gut stehen und könnte ihr gefallen.

Das erneute tolle Sonnenwetter am heutigen Tag schien eine Art Belohnung für uns zu sein, für unser Durchhaltevermögen der letzten Wochen. Ich hatte an diesem Tag irgendwann zwischendurch meine letzte und sechste Sammelmail an alle geschrieben, selbstverständlich hatte der Betreff „Ankunft" gelautet. Der Ausklang dieses Tages mit Cathrina war schließlich und letztlich perfekt, obwohl wir uns noch in der Nacht voneinander verabschieden mussten.

Blick über Santiago de Compostela mit der überragenden Kathedrale

Freitag, 16.10.2009

Santiago de Compostela

Des Morgens ging es für mich zeitig los, nachdem Cathrina weg war, um ihre Heimreise nach Deutschland anzutreten. Ich war ein letztes Mal kurz im Internet und hatte ein paar Nachrichten von engsten Freunden erhalten. Eine Verabredung mit Hendrike hatte ich um zehn Uhr. Sie erschien nicht. Ich wartete fünfzehn Minuten auf sie, dann ging ich alleine frühstücken, denn der Morgen war zwar sonnig, aber eisig kalt und ich konnte diesbezüglich nicht länger draußen stehend auf sie warten. Schließlich hatte ich keine Winterjacke an oder bei mir. Auf meine SMS reagierte sie nicht. Ich hatte mir ein günstigeres neues Zimmerchen, für nur fünfzehn Euro gesucht und mir ein Busticket für den morgigen Tag nach Lissabon gekauft. Somit war heute mein letzter Tag in Santiago de Compostela. Bis zum Nachmittag ließ ich mich treiben, durch die hübschen verwinkelten Gassen der Altstadt und entdeckte bummelnd unterschiedlichste Lädchen.

Häufig gab es Geschäfte, die sich in erster Linie auf den Verkauf von sich überall wiederholenden Pilgersouvenirs spezialisiert hatten. Da gab es meist die immer gleich aussehenden Tassen oder Magnete zum Beispiel. Allerdings konnte ich auch vereinzelt besondere kleine Läden finden, die mit ihren Souvenirs und Nippes kreativ abwichen von den üblichen Angeboten. Ich fand für mich zwar auch eine Tasse, diese war jedoch besonders hübsch und kreativ gestaltet und nur in einem Geschäft zu finden gewesen. Kulinarisch wurde oft Tarta de Santiago, Mandeltorte, in praktischen Tragekartons verkauft. Auch hier überlegte ich kurz, ob ich eine mitnehmen sollte. Mathilde und Kristian hatten vor ihrer Abreise gleich drei dieser schlemmerhaften Köstlichkeit als Mitbringsel für sich gekauft und eingepackt. Ich hingegen entschied mich dagegen, da meine Reise mich per Rucksack morgen weiterführen würde und ich mich nicht die ganze kommende Woche alleine ständig von heiliger Mandeltorte ernähren wollte. Natürlich nahm ich mir auch noch Magnete mit, schließlich waren diese klein und handlich, gut im Rucksack zu verstauen und unproblematisch weiter zu transportieren.

Ich erkannte, dass die Altstadt Santiagos größtenteils liebevoll restauriert worden sein musste und war überrascht ob der Menge an kulturellen Angeboten und an abwechslungsreichen Bars und Restaurants. Sicher ließe sich hier in diese Unistadt auch gut ein Städtetrip für ein verlängertes Wochenende unternehmen. In meinen Gedanken wusste ich sofort, mit welcher wanderfreudigen Freundin ich dies am liebsten irgendwann einmal unternehmen wollen würde. Wer wusste schon, was das Leben mir noch brachte. Per SMS schlug ich Hendrike vor, dass wir uns am Abend noch ein letztes Mal für ein allerletztes gemeinsames Abschiedsdinner um zwanzig Uhr treffen könnten. Wieder ließ eine Antwort ihrerseits zunächst auf sich warten. Erst am späten Nachmittag schickte sie dann doch noch ein minimalistisches „Ok" als Antwort. Ich nickerte noch ein wenig in meinem Zimmerchen und um zwanzig Uhr trafen wir uns schließlich tatsächlich noch ein letztes Mal und gingen zusammen ein paar Tapas essen. Im Anschluss versackten wir noch in derselben Bar, wie ich am Vorabend mit Cathrina, Rotwein trinkend. Es war tatsächlich wider Erwarten noch ein unterhaltsamer Abend geworden mit ihr und am Ende auch ein herzlicher Abschied. Es war entschieden: Morgen fuhr ich weiter, nach Lissabon…

Nachwort

Viereinhalb Wochen war ich den Jakobsweg gegangen und am Ende in Santiago de Compostela und auch ein wenig mehr bei mir angekommen. Als es hinter mir lag, war ich stolz, mich durchgebissen zu haben. Dass ich nicht aufgegeben hatte, trotz der Schmerzen in den Füßen. Viele verschiedene Menschen durfte ich kennen lernen. Der Großteil war äußerst liebenswert und mir stets gut gesonnen. Nur wenige Begegnungen hätte ich nicht gebraucht. Ich sprach über die Wochen mit den unterschiedlichsten Leuten, mit jüngeren, älteren und alten Menschen sämtlicher Nationen und verschiedenster Charaktere. Es war über die Zeit interessant für mich zu erkennen, wer aus welchen Beweggründen den Jakobsweg ging. Für mich kristallisierten sich am Ende ziemlich genau drei Drittel von Jakobsweg-Laufgründen heraus. Das erste Drittel der Pilger ging den Weg, weil er oder sie jemanden Nahestehenden durch eine schwere Krankheit, durch einen schweren Unfall oder auf natürliche Weise durch den Tod oder durch eine schmerzliche Trennung verloren hatte. Das zweite Drittel lief auf dem Camino, weil sich ihr oder sein Leben aktuell oder kürzlich verändert hatte oder zeitnah verändern würde. Meistens waren diese Menschen nach vielen Jahren in einem Beruf nun mit ihrer Rente oder ihrer Pension konfrontiert und mussten sich überlegen, was sie zukünftig mit ihrem Leben und ihrer neu gewonnenen Lebenszeit anstellen wollten. Sie waren auf der Suche nach neuen Lebensstrukturen und dabei, ihrem Leben nach einem erfüllten Berufsleben einen neuen Sinn zu geben. Ein drittes Drittel lief den Jakobsweg aus religiösen oder aber aus sportlich körperlichen Gründen oder schlicht, um es einmal mitgemacht zu haben oder einfach aus einem sonstigen persönlichen Grund.

Nach diesem, von mir selbst gezogenen Fazit gehörte ich im Grunde zu dem dritten Drittel. Ich hatte für mich wissen wollen, ob ich es körperlich würde schaffen können, über sechshundert Kilometer zu gehen. Und, ich zählte mich selbst letztlich auch irgendwie zu dem zweiten Drittel. Zwar stand ich nicht vor der Rente, aber ich hatte einen Punkt in meinem Leben erreicht, den es zu überdenken galt. Am Ende das Jakobsweges konnte ich für mich sagen, dass ich mein Leben und meine Ziele klarer sah als je zuvor. Der Wunsch in mir, nicht mehr alleine bleiben zu wollen, hatte sich derart herauskristallisiert, dass ich noch stärker als vor der Reise hoffte, dass ich für mich irgendwann endgültig würde ankommen können. Dafür würde ich, zurück in meinem Alltagsleben, Veränderungen anstreben. Vermeintliche Freundschaften und Bekanntschaften galt es zu überdenken, denn über die Zeit hatte sich für mich deutlich entpuppt, wer mich auch aus der Ferne gedanklich positiv begleitete und wer sich rarmachte, ganz nach dem Motto, aus den Augen, aus dem Sinn. Weiter wollte ich versuchen, neue Wege einzuschlagen und zu lernen, darauf zu vertrauen, dass mein persönlicher Weg sein Ziel finden würde, wenn ich nur ehrlich und zuversichtlich darauf vertraute.

Der Jakobsweg belehrt jeden, der ihn begeht, individuell auf seine eigene Weise. Ich hatte bis zu dem Tag, an dem ich diesen Weg begann, arge Schwierigkeiten damit, zu akzeptieren, wenn geplante Dinge sich für mich spontan oder kurzfristig änderten. Dann verfiel ich in eine Art Panik, die Kontrolle zu verlieren, ärgerte mich und wurde unleidlich. Mit meinen vor der Reise akribisch ausgestalteten Etappenplanungen war es bereits nach meinem ersten Wandertag vorbei gewesen. Es hatte mich im Stillen ziemlich geärgert, als ich schon am zweiten Tag auf dem Jakobsweg hatte realisieren müssen, dass somit meine ganze Vorbereitungsarbeit im Vorfeld ein Stück weit umsonst gewesen war. Und so ärgerte ich mich in der ersten Woche auf dem Jakobsweg täglich über kleine Dinge, die ich für mich geplant hatte, die sich dann aber unvorhergesehen verändern sollten. Was immer ich unternahm, um etwas vorhergesehen zu organisieren oder zu planen, es wurde über den Haufen geworfen und kam anders, als von mir erwartet oder gedacht. Der Weg änderte unterwegs seine Route, ich traf Leute nicht dort wieder, wo ich es vermutet hatte – meine komplette Vorplanung von zu Hause war dahin. Ich benötigte die ersten Tage auf dem Jakobsweg, bis ich im Laufe der ersten Woche langsam anfing zu begreifen, dass es eine Art Auftrag vom Jakobsweg an mich war. Am Ende der ersten Laufwoche schließlich war ich mir sicher, dass der Camino mir genau dies als Aufgabe gegeben hatte und das mir hatte sagen wollen: Ich sollte lernen, die Dinge zu nehmen, wie sie geschehen. Lernen, plötzliche Veränderungen und unvorhergesehene Geschehnisse zu akzeptieren. Lernen, in der Veränderung damit umzugehen, mich spontan einzulassen auf neue, andere Wege, auf neue Gegebenheiten. Lernen, im Zuge dieser Veränderungen ruhig zu bleiben, entspannt umzudenken, mich nicht aus der Ruhe in eine gestresste Unruhe bringen zu lassen.

Nachdem ich diese, meine Aufgabe am Jakobsweg angenommen hatte und mich darauf einließ, wurde mein Weg auf dem Camino über die Wochen zunehmend entspannter, was spontane Änderungen anging. Zum Ende der Pilgerreise, in der letzten Woche, hatte ich den Punkt erreicht, an dem ich des Abends sagen konnte, wer weiß, was morgen passieren wird. Ich wurde zunehmend offen für das, was der nächste Tag mir bringen würde. Täglich lief ich meine Etappen und wunderte mich immer seltener über Dinge, die anders liefen als gedacht. Und selbst wenn ich für den Folgetag etwas plante – innerlich fügte ich irgendwann stets nur noch bei mir zusätzlich den Satz hinzu: Falls es nicht anders kommt. Seither arbeite ich an der mir vom Camino damals auferlegten Aufgabe, mit

spontanen, kurzfristigen Veränderungen ausgeglichener umzugehen. Dies gelingt mir, im Vergleich zu der Zeit vor einem Jahr-
zehnt, sicherlich inzwischen etwas besser und wirft mich nicht
mehr direkt aus der Bahn. Dennoch wird es mich wohl auch weiter
begleiten und eine meiner Aufgaben im Leben bleiben.

So, wie ich meine Art Auftrag vom Jakobsweg erhalten und verstanden hatte, hatten sämtliche Pilger für sich, ihre ganz persönliche Aufgabe auf dem Camino individuell erhalten. Zumindest erfuhr ich über die Zeit im Austausch mit sämtlichen Pilgern, dass es
ihnen wie mir ergangen war. Wenn ich nur an Hendrike dachte, die
ganz klar vom Jakobsweg in ihre Schranken gewiesen worden war,
weil sie schlichtweg zu hektisch und unfürsorglich mit sich und ihrem Körper auf dem Weg unterwegs gewesen war. Hendrike hatte
vom Jakobsweg schlicht und ergreifend als Aufgabe erhalten, auf
die Zeichen ihres Körpers zu hören und den Weg mit sich als Ziel
nicht übers Knie zu brechen, sondern dem Ganzen einen entsprechenden Respekt entgegenzubringen. Sie hatte erst zusammenbre-
chen müssen, bevor sie anfing, zu verstehen, einzusehen und zu
akzeptieren, was falsch lief. Und so erhielt über die Pilgerreise jeder
seine individuelle Aufgabe verordnet, vom Jakobsweg persönlich.
War man ehrlich zu sich selbst und ließ man sich darauf ein, so
fand jeder die Zeichen des Caminos für sich und lernte, seine persönliche Aufgabe zu deuten. Für mich waren neben dieser erhaltenen Aufgabe, der eigentliche Wanderweg und der Weg zu mir das
Ziel auf dem Camino nach Santiago de Compostela.

Der Jakobsweg hatte mir durchweg *glückliche* Zufälle beschert. *An-
gefangen bei dem Flugzeug, das ich erfreulicherweise noch hatte erreichen dürfen;
dem von einem Fremden geschenkten Busticket; dem Schlafsack, der seinen
Weg zu mir fand, damit ich nicht frieren musste; dem mir unaufgefordert geschenkten Handtuch; dem Pilger Manuel, der mich auf der längsten Etappe*

*wie aus dem Nichts begleitete und mir durch seinen Dauermonolog das Durch-
halten auf dem Weg durch die einsame Meseta ermöglichte. Weiter über die
erhaltenen wohltuenden Fußbäder, die verrückte Fußmassage des fremden Spa-
niers, die neue Wasserflasche, geschenkte Bananen, Bonbons und Blumen. Und
immer wieder durfte ich erleben, wie der Himmel aufriss und die Sonne sich für
mich wie eine Belohnung für die Strapazen des Tages, durch die Wolken
kämpfte, sich zeigte und mich anstrahlte.*

Ich war dankbar, da mir nichts Schlimmes zugestoßen war auf dem
gesamten Jakobsweg, der mir immer wieder das Gefühl vermittelt
hatte, beschützend an meiner Seite gewesen zu sein. Und letztlich,
dass ich so unglaublich reich beschenkt worden war mit warmherzigen Begegnungen. Allen voran die Tatsache, von Mathilde und
Kristian den halben Camino begleitet worden zu sein, Hendrike
immer wieder streckenweise um mich gehabt zu haben und, dass
der Jakobsweg es letztlich gewollt hatte, dass Cathrina und ich uns,
ungeplant und darauf vertrauend, am Ende in Santiago de Compostela wiedertrafen, machte für mich meinen Camino rund. Ich
für mich konnte sagen, der Jakobsweg hatte stets dafür gesorgt,
dass die Dinge, die ich benötigte und brauchte, zu mir gekommen
waren.

Daran glaube ich bis heute:

Dass das,

was ich brauche,

mich findet und zu mir kommen wird.

DANKSAGUNG

Dies entstandene kleine Buch war für mich ein Herzenswunsch und sicherlich ist es kein Profiwerk. Gut zehn Jahre mussten ins Land ziehen, bis ich Zeit, Geduld, Muße und auch den notwendigen Mut aufgebracht habe, mir diesen Wunsch einer Buchveröffentlichung zuzutrauen und ihn umzusetzen. Mein Lebens-Leitspruch war stets: „Wer nicht vom Weg abkommt, lernt die Gegend nicht kennen (Verfasser unbekannt)." Dass mein Vom-Weg-Abkommen mich auf meinem Lebensweg zum Jakobsweg geführt hat und ich mir dieses Vorhaben am Ende zugetraut habe, verdanke ich unter anderem meiner mir damals stets Mut zusprechenden, lieben Freundin Ulrike Hellmann. Der ich nicht nur dafür danken möchte, sondern auch von Herzen für ihre Mühe, meine Tagebucheintragungen für dieses Büchlein neben meinem Mann als Erste zu lesen, zu bearbeiten und mich bei seiner Entwicklung zu meinem Traum vom eigenen Buch tatkräftig unterstützt hat. Ich danke meinem Mann, der mir immer geduldig mit seiner Liebe zur Seite steht. Selbstverständlich danke ich meinem Lektor, Stefan Parsch, der am Ende noch einmal alles professionell zurechtgerückt hat. Und ich danke Cathrina, die der Jakobsweg mir seinerzeit geschickt hat und die mir nach so langer Zeit ebenfalls mit hilfreichen Tipps liebenswert beigestanden hat, um dieses Buch zu veröffentlichen. Und letztlich gilt mein Dank allen ZweifelzerstreuerInnen und MutmacherInnen, die mich auf dem Weg, dieses Buch zu veröffentlichen, positiv begleitet haben. Graciàs & danke!

VITA

Alexénia Kolá, geboren 1970 in Dortmund, studierte in ihrer Geburtsstadt Sonderpädagogik und arbeitet an einer Förderschule. In diesem Zusammenhang veröffentlichte sie bereits verschiedene Unterrichtsentwürfe. Seit 2018 ist sie verheiratet und lebt mit ihrem Ehemann im Ruhrgebiet. Das Reisen begleitet sie ihr ganzes bisheriges Leben. In der ersten Lebenshälfte bereiste sie hauptsächlich Griechenland, erkundete dort einige Gegenden und die Inselwelt der Ägäis. In einem Sabbatjahr, in dem sie ihr Weg auch zum Jakobsweg und zu dieser erlebten Buchgeschichte geführt hat, bereiste sie Länder Süd- und Mittelamerikas. Hierzu veröffentlichte sie einen Fotokalender über die Osterinsel.

Sie schreibt auf humorvolle und unterhaltsame Weise über die selbst gestellte Herausforderung, den Camino de Santiago zu gehen. Sie ahnte nicht, welche facettenreiche Erlebnisse ihr auf ihrem Weg widerfahren sollten und was das alles mit ihr machen würde. Auch nicht, wem sie begegnen und wie sie durchhalten würde und nicht einmal, ob sie schließlich am Ziel, in Santiago de Compostela, ankommen würde. Von dieser besonderen Reise ins Ungewisse erzählt das Buch.